Lettura e Conversazione

Salvatore Bancheri

Paul Colilli

Diana Iuele-Colilli

Michael Lettieri

UNIVERSITY OF TORONTO PRESS
Toronto Buffalo London

Toronto Buffalo London

Printed in Canada

ISBN 8020-6641-0

Illustrations by Sharon Foster

Canadian Cataloguing in Publication Data

Main entry under title:

Lettura e conversazione

ISBN 0-8020-6641-0

1. Italian language - Readers. 2. Italian language - Text-books for second language learners - English speakers.* I. Bancheri, Salvatore, 1954-

PC1117.L47 1986 458.6'421 C86-094467-0

Lettura e Conversazione

Salvatore Bancheri
Paul Colilli
Diana Iuele-Colilli
Michael Lettieri

Foreword

Intended as a supplement to a basic text, Lettura e conversazione is designed for beginning students of Italian at high school, community college and university levels. The book consists of a series of dialogues and readings which reflect as faithfully as possible the situations and communicative necessities faced by the student. What is emphasized is the expansion of the most frequent vocabulary and the development of speaking and comprehension skills. The book is 108 pages in length and is divided into 15 chapters.

Each dialogue is followed by:

1. **ESERCIZI SULLA LETTURA** - which presents a series of multiple choice questions, fill in the blanks and exercises all based on the readings. The aim of this section is to test the reading comprehension, to develop vocabulary and to reinforce language structures already studied.

2. **DA RICORDARE** - consisting of a selection of high-frequency functional words and idiomatic expressions (they are all organized into the appropriate semantic fields) the majority of which are taken from the readings. The purpose of this glossary is to aid comprehension and to further expand the given semantic field.

3. **ESERCIZI DI VOCABOLARIO** - which presents strictly contextualized exercises the purpose being to guide the student in acquiring vocabulary and to test the ability of employing it in a variety of real-life contexts. One section of this part includes a ludic exercise such as crossword puzzle or anagrammes.

4. **PER LA CONVERSAZIONE** - the student is here presented with a situation and is assigned a role to perform. The student is to employ freely the expressions, terms and communicative functions learned in the same chapter. This section includes questions which are to foster further conversation.

5. **MODI DI DIRE / RIDIAMO INSIEME** - by remaining within the context of the given semantic field the function of the proverbs, idiomatic expressions and jokes is to stimulate conversation, enrich the cultural facets and encourage further investigation into Italian language and culture.

Indice

Conosciamoci Unità 1

-Professor Rossi, Le presento la signorina Louise Rousseau. È francese.

-Piacere della conoscenza.

-Il piacere è mio.

-Buon giorno, mi chiamo Jane Smith. Sono americana.

-Piacere, Jim Wilson. Sono inglese.

-Ciao, Paolo.

-Salve, Roberto. Come stai?

-Molto bene, grazie. E tu?

-Bene, grazie.

-Buon giorno, signorina Sanchez. Come va?

-Molto bene, grazie. E Lei, professore?

-Müller.

-Prego, come?

-Müller.

-Ah, un nome tedesco!

-Sì, sono di Francoforte.

ESERCIZI SULLA LETTURA

I. Scegliere la risposta corretta.

1. Louise Rousseau è...
   a) un signore
   b) una signora
   c) una signorina
   d) un professore

2. Jane Smith saluta Jim Wilson e dice...
   a) "Buon giorno"
   b) "Buona sera"
   c) "Buona notte"
   d) "Ciao"

3. Roberto sta...
   a) bene
   b) molto bene
   c) male
   d) così così

4. Il professore chiede alla signorina Sanchez:...
   a) "Come va?"
   b) "Come si chiama?"
   c) "Di dov'è Lei?"
   d) "Come sta?"

5. Müller è un nome...
   a) inglese
   b) americano
   c) tedesco
   d) francese

II. Completare.

1. -Professor Rossi, Le ________ la ________ Louise Rousseau. È francese.
   -Piacere della ________.
   -Il ________ è mio.

2. -Buon ________, mi ________ Jane Smith. Sono ________.
   -Piacere, Jim Wilson. Sono ________.

3. -________, Paolo.
   -________, Roberto. Come ________?
   -Molto ________, grazie. E tu?
   -Bene, ________.

4. -________ giorno, signorina Sanchez. Come ________?
   -________ bene, grazie. E ________, professore?

5. -Müller.
   -________, come?
   -Müller.
   -Ah, un nome ________!
   -Sì, ________ di Francoforte.

III. Mettere in scena le situazioni dei dialoghi precedenti.

DA RICORDARE

l'Australia ____	australiano ____
l'Austria ____	austriaco ____
il Brasile ____	brasiliano ____
il Canada ____	canadese ____
la Cina ____	cinese ____
la Francia ____	francese ____
la Germania ____	tedesco ____
il Giappone ____	giapponese ____
la Grecia ____	greco ____
l'Inghilterra ____	inglese ____
l'Irlanda ____	irlandese ____
l'Olanda ____	olandese ____
la Polonia ____	polacco ____
il Portogallo ____	portoghese ____
la Russia ____	russo ____
la Spagna ____	spagnolo ____
gli Stati Uniti ____	americano ____
la Svezia ____	svedese ____
la Svizzera ____	svizzero ____

arrivederci ____	bene ____
buon giorno ____	così così ____
buona notte/sera ____	grazie ____
ciao ____	male ____
salve ____	prego ____

come si chiama Lei? ____

come sta? ____

di dov'è Lei? ____

mi chiamo... ____

piacere della conoscenza ____

ESERCIZI DI VOCABOLARIO

I. Completare.

La signorina Rousseau
è di Parigi:
è ________.

Marco Bianchi
è di Roma:
è ________.

Barbara Jones
è di Toronto:
è ________.

Il signor Müller
è di Francoforte:
è ________.

Il signor Cechov
è di Mosca:
è ________.

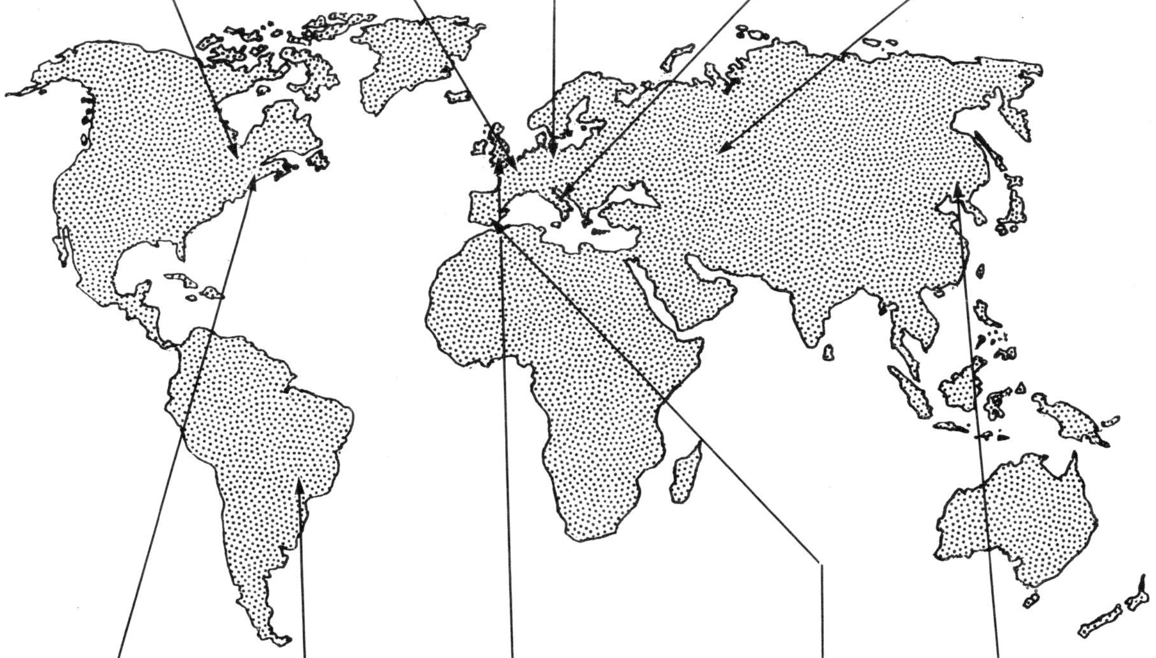

Jane Smith
è di Boston:
è ________.

Jim Wilson
è di Londra:
è ________.

Il signor Lee
è di Pechino:
è ________.

Josè Silva
è di Rio de Janeiro:
è ________.

Il signor Sanchez
è di Barcellona:
è ________.

II. Anagrammare le seguenti parole.

1. z i e g r a ______________________
2. e n e b ______________________
3. g e r o p ______________________
4. r r a i e v e d c i r ______________________
5. a o c i ______________________
6. I a t i a l ______________________
7. C d a a a n ______________________
8. u o n b i o r g o n ______________________
9. a u o n b t e t n o ______________________
10. s ì c o o ì c s ______________________

PER LA CONVERSAZIONE

I. Creare una scenetta basata sulle seguenti situazioni.

1. Due amici si incontrano...

Franco: Ciao, Mario. Come stai?
Mario: ______________________
____
Franco: ______________________
____

2. A scuola Marco presenta Alessandra al suo amico Roberto...

Marco: Roberto, ti presento Alessandra.
Roberto: ______________________
Alessandra: ______________________

3. Uno studente presenta un suo amico al professore...

Paolo: Buon giorno, professore. Le presento il mio amico Giovanni Graziani.
Professore: ______________________
Giovanni: ______________________

II. Rispondere alle seguenti domande.

1. Come si chiama Lei?
2. Di dov'è Lei?
3. Come sta?

MODI DI DIRE

Tutto il mondo è paese.
Paese che vai, usanza che trovi.

RIDIAMO INSIEME

La signorina Brown ha due nazionalità: di giorno è americana, e di notte... russa.

Dal medico Unità 2

SIGNOR BONETTI: Buon giorno, dottore!

DOTTORE: Buon giorno, signor Bonetti. Come sta?

SIGNOR BONETTI: Non tanto bene.

DOTTORE: Perché?

SIGNOR BONETTI: Ho mal di gola ed un forte mal di testa. Ho anche mal di stomaco.

DOTTORE: Ha la febbre?

SIGNOR BONETTI: Sì, ma non troppo alta: trentotto e mezzo.

DOTTORE: Ha senz'altro l'influenza. Ecco la ricetta.

SIGNOR BONETTI: Bene, vado subito in farmacia.

DOTTORE: Torni fra tre giorni.

SIGNOR BONETTI: Va bene, fisso un appuntamento con la segretaria.

DOTTORE: ArrivederLa, signor Bonetti.

SIGNOR BONETTI: ArrivederLa, dottore, e grazie.

ESERCIZI SULLA LETTURA

I. Scegliere la risposta corretta.

1. Il signor Bonetti va...
   a) dall'oculista
   b) dal dottore
   c) dal dentista
   d) dal farmacista

2. Il signor Bonetti ha...
   a) mal di testa
   b) mal di schiena
   c) mal di denti
   d) mal di pancia

3. Il dottore dice che il signor Bonetti ha...
   a) l'influenza
   b) la tosse
   c) il torcicollo
   d) il raffreddore

4. Il dottore dà al signor Bonetti...
   a) una ricetta
   b) un'aspirina
   c) un sedativo
   d) un termometro

5. Il signor Bonetti fissa un appuntamento con...
   a) l'oculista
   b) il dentista
   c) l'infermiere
   d) la segretaria

II. Completare.

SIGNOR BONETTI: __________, dottore!
DOTTORE: Buon giorno, __________ Bonetti. Come __________?
SIGNOR BONETTI: Non tanto __________.
DOTTORE: Perché?

SIGNOR BONETTI: __________ mal di gola ed un forte __________ di testa. Ho anche mal __________ stomaco.

DOTTORE: __________ la febbre?

SIGNOR BONETTI: Sì, ma non __________ alta: trentotto e mezzo.

DOTTORE: Ha senz'altro l'__________. Ecco la __________.

SIGNOR BONETTI: Bene, vado subito in __________.

DOTTORE: Torni __________ tre giorni.

SIGNOR BONETTI: Va bene, fisso un __________ con la __________.

DOTTORE: __________, signor Bonetti.

SIGNOR BONETTI: ArrivederLa, __________, e grazie.

III. **Mettere in scena il dialogo precedente.**

DA RICORDARE

la bocca__________________
il braccio__________________
i capelli__________________
il collo__________________
il corpo__________________
la coscia__________________
il dente__________________
il dito__________________
la fronte__________________
la gamba__________________
il ginocchio__________________
il gomito__________________
la guancia__________________
le labbra__________________
la lingua__________________
la mano__________________
il naso__________________
l'occhio__________________
l'orecchio__________________
la pancia__________________
il petto__________________
il piede__________________
il polso__________________
la schiena__________________
il seno__________________
la spalla__________________
la testa__________________
il viso__________________

l'appuntamento__________________
l'aspirina__________________
il chirurgo__________________
il dentista__________________
il dottore__________________
la farmacia__________________
il farmacista__________________
l'infermiere__________________
la medicina__________________
il medico__________________
l'oculista__________________
l'ospedale__________________
la pillola__________________
la ricetta__________________
il sedativo__________________
la segretaria__________________
lo specialista__________________
il termometro__________________

la bronchite__________________
la febbre__________________
l'influenza__________________
la malattia__________________
la polmonite__________________
il raffreddore__________________
il torcicollo__________________
la tosse__________________

avere mal di testa/gola/stomaco/schiena__________________

ESERCIZI DI VOCABOLARIO

I. Completare usando le seguenti parole.

labbra	mal	bocca	polso	gambe
mano	piedi	naso	occhi	capelli

1. Quando la notte non dormo, il giorno dopo ho __________ di testa.
2. La __________ ha cinque dita.
3. Parlo con la __________.
4. Vedo con gli __________.
5. Cammino con i __________.
6. Bacio con le __________.
7. Il barbiere taglia i __________.
8. Le __________ della signorina sono molto belle.
9. Pinocchio ha il __________ lungo.
10. Metto l'orologio al __________.

II. Completare i seguenti dialoghi.

1. **Signor Contini:** Buona __________, dottore.
   Dottor Valenti: Buona __________, si accomodi. Come __________.
   Signor Contini: Non tanto __________. Ho mal di __________ e mal di __________.

2. **Dottor Russo:** Buon __________, __________ Grassi! Oggi sta meglio?
   Signor Grassi: Beh, ho ancora la __________ e __________...
   Dottor Russo: Hmm... proviamo queste altre __________... Ecco la __________.

3. **Signor Danieli:** Buon giorno, __________ Rinaldi.
   Dottor Rinaldi: Signor Danieli, come si sente oggi?
   Signor Danieli: Oh, dottore... Ho un forte __________ __________ testa. Ho preso __________ aspirina ma...
   Dottor Rinaldi: Provi a prendere queste __________.

III. **Identificare le seguenti parti del corpo.**

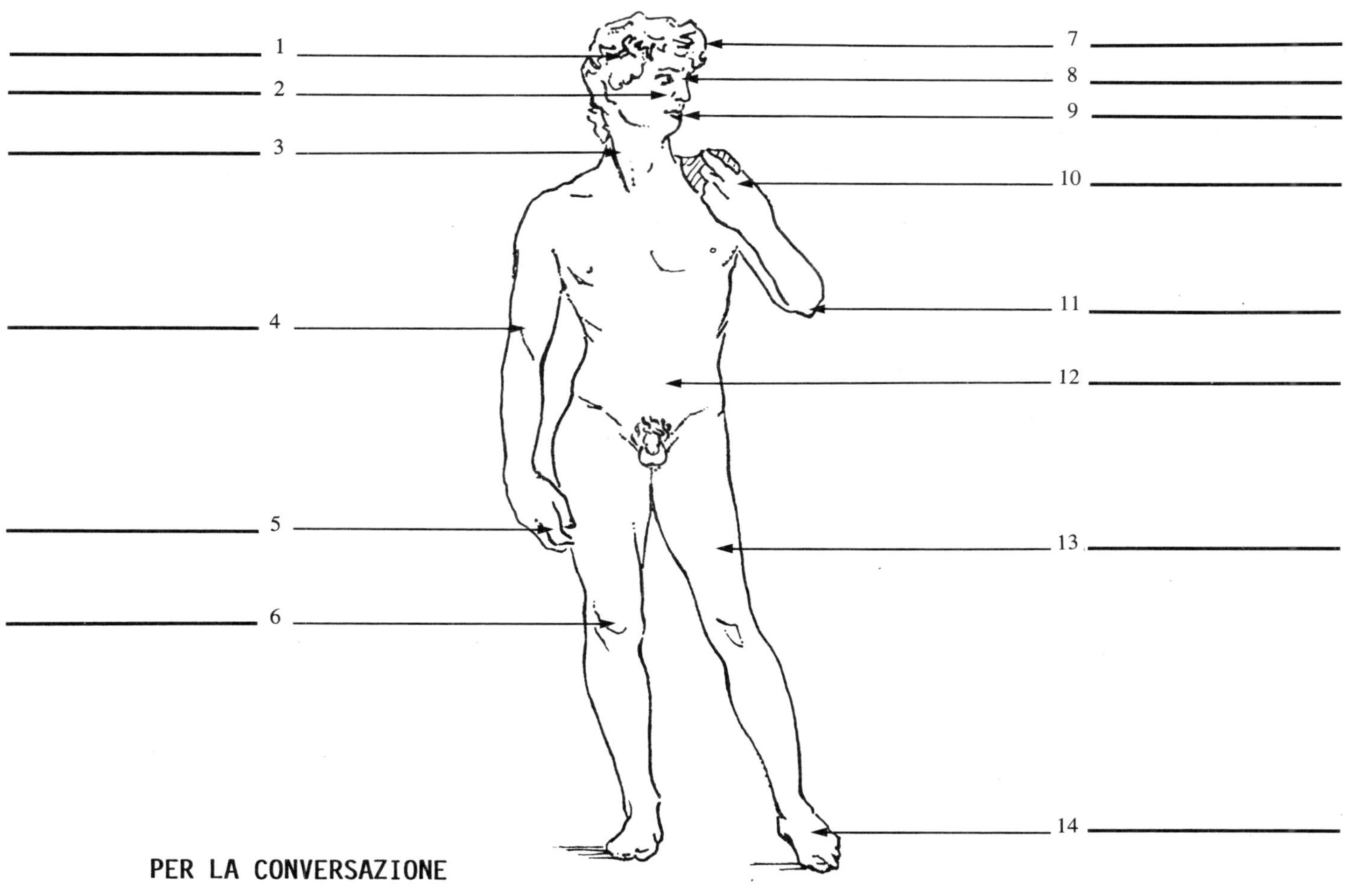

PER LA CONVERSAZIONE

I. **Creare una scenetta basata sulle seguenti situazioni.**

1. Dal medico.

Signora Rossi: Dottore, mio figlio si sente molto male.

Dottor Sani: Che cosa ha?

Signora Rossi: ______________________________

Dottor Sani: ______________________________

2. Dall'oculista.

Signor Leonardi: Buon giorno, dottore!

Oculista: Buon giorno! Si accomodi! Gli occhiali vanno bene?

Signor Leonardi: No... ______________________________

Oculista: ______________________________

3. In farmacia.

Signor Miceli: Buon giorno, dottore!

Farmacista: Buon giorno! Desidera?

Signor Miceli: ____________________

Farmacista: ____________________

MODI DI DIRE

La lingua batte dove il dente duole.

Una mano lava l'altra.

Le bugie hanno le gambe corte.

Fare orecchie da mercante.

Restare con un palmo di naso.

RIDIAMO INSIEME

I medici quando operano portano la maschera perché se l'operazione va male nessuno può riconoscerli.

La casa Unità 3

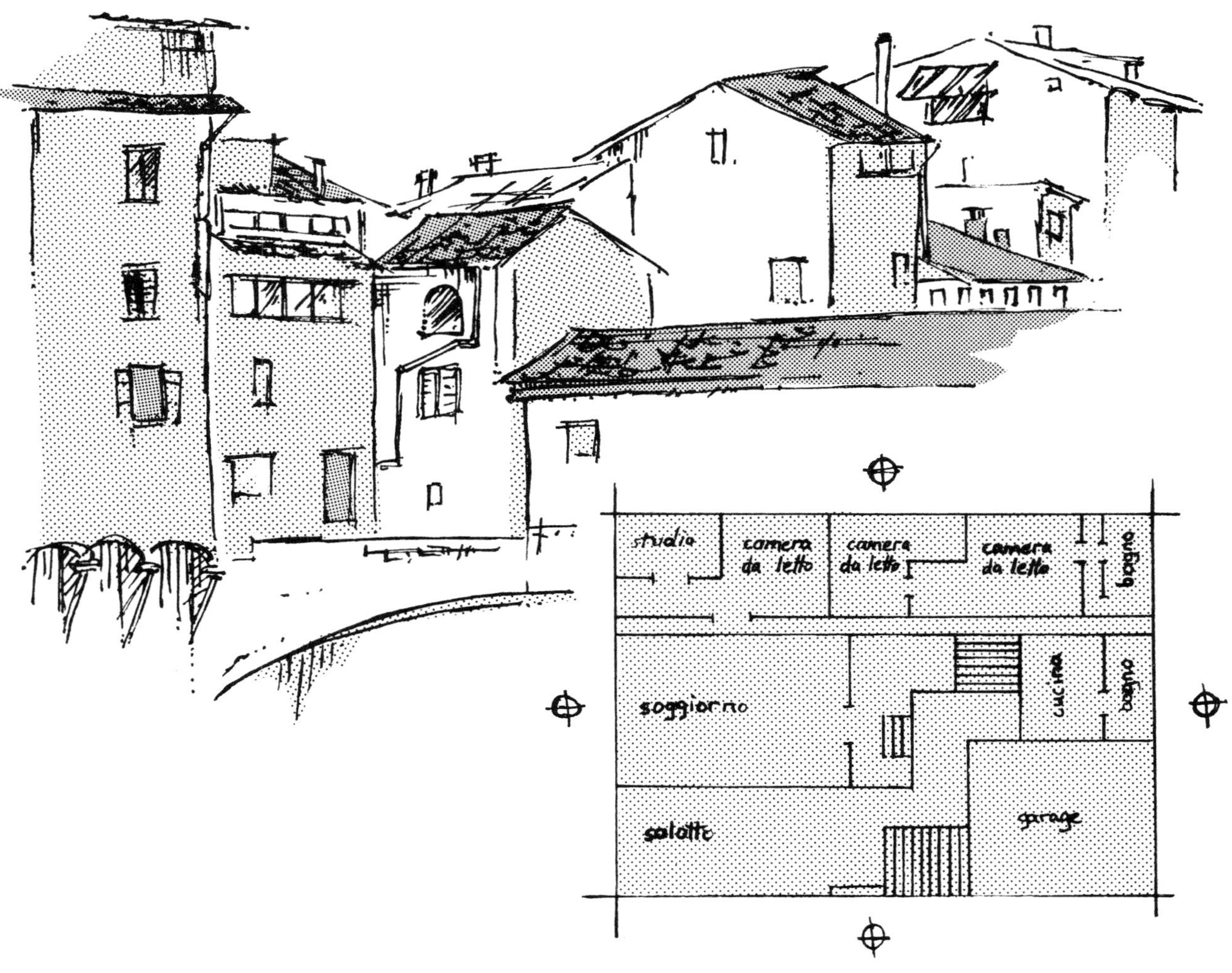

Carlo visita i suoi amici Gabriele e Maria che hanno comprato una casa.

GABRIELE: Ciao, Carlo. È da molto tempo che non ci vediamo!

CARLO: Che piacere rivedervi! Che bella casa.

MARIA: Entra, adesso la vedi... Ecco il salotto...

CARLO: Il divano è molto elegante!

MARIA: Grazie.

GABRIELE: E questa è la cucina...

CARLO: Quanto è spaziosa!

MARIA: Vieni, andiamo sopra.

CARLO: Quante camere ci sono?

GABRIELE: Tre camere da letto e il bagno.

CARLO: È una casa comodissima. Tanti auguri!

GABRIELE: Grazie, Carlo. Sei molto gentile.

ESERCIZI SULLA LETTURA

I. Scegliere la risposta corretta.

1. Carlo visita...
   - a) il dottore
   - b) il professore
   - c) sua madre
   - d) i suoi amici

2. Gabriele e Maria abitano in...
   - a) un appartamento
   - b) un albergo
   - c) una casa
   - d) una roulotte

3. La cucina è...
   - a) piccola
   - b) spaziosa
   - c) pulita
   - d) sporca

4. Il piano superiore ha...
   - a) due camere da letto e il bagno
   - b) tre camere da letto e il bagno
   - c) una camera da letto e una cucina
   - d) tre bagni

5. La casa è...
   - a) vecchia
   - b) piccola
   - c) comodissima
   - d) a quattro piani

II. Completare.

Carlo visita i suoi amici Gabriele e Maria che hanno comprato una casa.

GABRIELE: Ciao, Carlo. È da ________ ________ che non ci vediamo!

CARLO: Che ________ rivedervi! Che bella ________.

MARIA: Entra, adesso la vedi... Ecco il ________...

CARLO: Il ________ è molto ________!

MARIA: Grazie.

GABRIELE: E questa è la ________...

CARLO: Quanto è ________!

MARIA: Vieni, andiamo ________.

CARLO: Quante ________ ci sono?

GABRIELE: Tre camere da ________ e il ________.

CARLO: È una casa ________. Tanti ________!

GABRIELE: Grazie, Carlo. Sei molto ________.

III. Mettere in scena il dialogo precedente.

DA RICORDARE

l'appartamento ______
l'ascensore ______
il bagno ______
il balcone ______
la camera da letto ______
la casa ______
il corridoio ______
la cucina ______
la doccia ______
la finestra ______
il garage ______
il giardino ______
l'ingresso ______
il palazzo ______
il pavimento ______
il pianterreno ______
la porta ______
il portone ______
la sala da pranzo ______
il salotto ______
la scala ______
lo scantinato ______
il soggiorno ______
il soffitto ______
la stanza ______
lo studio ______
la terrazza ______
il tetto ______

l'armadio ______
l'asciugatrice ______
l'aspirapolvere ______
il comò ______
il comodino ______
la cucina ______
il divano ______
il frigorifero ______
la lavastoviglie ______
la lavatrice ______
il letto ______
la poltrona ______
la sedia ______
il tavolo ______
la televisione ______
il televisore ______

abitare in campagna/centro/città/periferia ______
abitare in via..., numero..., interno... ______
affittare ______
arredare ______
cambiare casa ______
comprare/vendere una casa ______
il vicino di casa ______

ESERCIZI DI VOCABOLARIO

I. Completare usando le seguenti parole.

salotto	letto	giardino	frigorifero	cucina
armadio	bagno	garage	finestra	studio

1. "Dov'è Gianni?"
   "È nel ________ che si fa la doccia".
2. La mattina faccio colazione in ________.
3. Luigi parcheggia la macchina nel ________.
4. Abbiamo comprato un ________ matrimoniale.
5. "Mamma, dove hai messo la torta?"
   "Nel ________".
6. Marianna guarda la televisione nel ________.
7. La ________ dà sul cortile.
8. Di solito Enzo fa i compiti nello ________.
9. Abbiamo messo il vestito nell'________.
10. In Canada ogni casa ha un ________ pieno di fiori.

II. Completare i seguenti dialoghi.

1. **Enzo:** Michele, dove ________?
   Michele: ________ in ________ Roma, ________ 25, ________ 15.

2. **Gianni:** Salvatore, ieri abbiamo ________ una ________.
   Salvatore: Auguri! Com'è?
   Gianni: È ________ e ________.
   Salvatore: Quante ________ ci sono?
   Gianni: Quattro ________ da letto e due ________.

3. **Lucio:** Hai visto l'________ di Simone?
   Matteo: No, non l'ho ancora visto... Com'è?
   Lucio: È molto ________. Ha due camere da ________ e un ________. C'è anche un ________ grandissimo.

III. Identificare i seguenti oggetti.

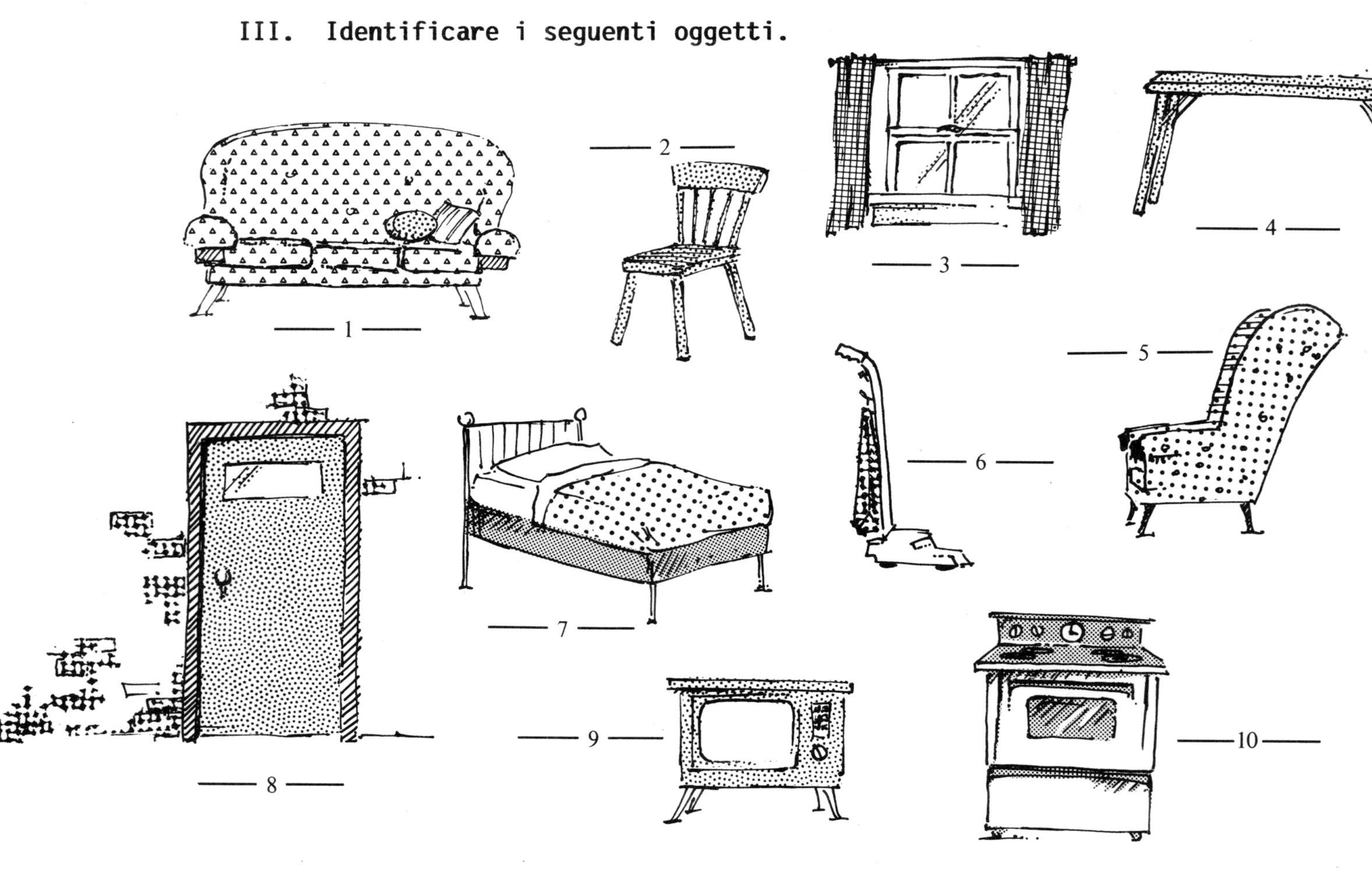

I. Creare una scenetta basata sulle seguenti situazioni.

1. I signori Bertini decidono di comprare una casa...

   Signor Bertini: Dove vogliamo comprarla? In città o in periferia?

   Signora Bertini: ______________________________

   ____

   ____

   ____

2. I signori Bertini desiderano arredare la loro casa...

   Signora Bertini: Caro, abbiamo abbastanza soldi per comprare...

   ____

   ____

   ____

   ____

3. Due amiche al telefono...

Anita: Cosa farai con i soldi che hai vinto alla lotteria?

Francesca: Comprerò la casa che ho sempre sognato. Ci sarà...

____

____

____

____

II. Rispondere alle seguenti domande.

1. Dove abita?
2. Com'è la Sua casa?
3. Com'è la Sua casa ideale?
4. Preferisce vivere in una casa o in un appartamento? Perché?
5. Preferisce vivere in periferia, in città o in campagna? Perché?

MODI DI DIRE

Il denaro apre tutte le porte.
Mettere le carte in tavola.
Lavare i panni sporchi in casa.

RIDIAMO INSIEME

"Carletto, prima di aprire una porta devi sempre bussare, chiaro?"
"Sì, mamma. Devo bussare anche quando apro un armadio?"

Il tempo Unità 4

ROBERTO: Che bella giornata! Come mi piace l'autunno!

MARTA: Sì, hai ragione, l'autunno qui in Canada è veramente bello! È la stagione più bella dell'anno! Quante foglie! Quanti colori!

ROBERTO: E poi il clima è quasi perfetto: non fa né troppo caldo né troppo freddo.

MARTA: Però, purtroppo, qualche volta piove.

ROBERTO: Sì, è vero, piove, ma almeno non nevica. E... non mi piace per niente quando nevica e fa freddo...

MARTA: Anch'io preferisco la pioggia alla neve, ma... non so... quando piove divento triste...

ROBERTO: Questa è bella! Quanto sei romantica!

MARTA: E tu... quanto sei spiritoso!

ESERCIZI SULLA LETTURA

I. Scegliere la risposta corretta.

1. Roberto preferisce...
   a) l'estate
   b) l'autunno
   c) l'inverno
   d) la primavera

2. Secondo Roberto, in autunno...
   a) fa bel tempo
   b) fa molto freddo
   c) non fa né troppo caldo né troppo freddo
   d) fa molto caldo

3. Secondo Marta, in autunno...
   a) tira vento
   b) grandina
   c) piove
   d) nevica

4. Quando piove Marta è...
   a) triste
   b) contenta
   c) nervosa
   d) allegra

5. Secondo Marta, Roberto è...
   a) romantico
   b) spiritoso
   c) amichevole
   d) intelligente

II. Completare.

ROBERTO: Che bella ________! Come mi piace l'________!

MARTA: Sì, hai ragione, l'autunno qui in Canada è ________ bello! È la ________ più bella dell'________! Quante foglie!

Quanti colori!

ROBERTO: E poi il ________ è quasi perfetto: non ________ né troppo ________ né troppo ________.

MARTA: Però, purtroppo, qualche volta ________.

ROBERTO: Sì, è vero, piove, ma almeno non ________. E... non mi piace per niente quando ________ e fa ________...

MARTA: Anch'io preferisco la ________ alla ________, ma... non so... quando piove divento ________...

ROBERTO: Questa è bella! Quanto sei ________!

MARTA: E tu... quanto sei ________!

III. Mettere in scena il dialogo precedente.

DA RICORDARE

grandinare ________	l'autunno ________
lampeggiare ________	l'estate ________
nevicare ________	l'inverno ________
piovere ________	la primavera ________
tuonare ________	la stagione ________

il campeggio ________	il clima ________
il lago ________	la nebbia ________
il mare ________	la neve ________
la montagna ________	la pioggia ________
il picnic ________	il sole ________
la piscina ________	il tempo ________
la spiaggia ________	il vento ________

gennaio, febbraio, marzo, aprile, maggio, giugno, luglio, agosto
settembre, ottobre, novembre, dicembre ________

____

lunedì, martedì, mercoledì, giovedì, venerdì, sabato, domenica

____

andare in vacanza ________
che giorno è oggi? ________
che tempo fa? ________
è una bella/brutta giornata ________
è una giornata mite/nuvolosa/serena/umida ________
fa caldo/freddo/bel tempo ________
il fine settimana ________
in che mese siamo? ________
prendere il sole ________
quanti ne abbiamo oggi? ________
tira vento ________

ESERCIZI DI VOCABOLARIO

I. Completare usando le seguenti parole.

prendere il sole	lago	spiaggia	campeggio	inverno
andare in vacanza	mare	montagna	piscina	picnic
fine settimana	stagione		giornata	avere

1. Gli Italiani _________ _________ _________ in agosto.
2. Voglio passare le vacanze al _________ perché mi piace nuotare nell'acqua salata e _________ _____ ___________sulla __________.
3. D'________ Mario va spesso a sciare.
4. Spesso, il _________ ________ vado in _________ perché adoro l'aria pura.
5. "Gianna, hai la tenda per andare al _________?"
6. A luglio la gente va al _________ per fare un __________.
7. Nella nostra università c'è una grande _________ dove vanno a nuotare molti studenti.
8. È una _________ molto nuvolosa e forse pioverà.
9. La mia ________ preferita è l'autunno.
10. Quanti ne ________ oggi?

II. Completare i seguenti dialoghi.

1. **Sandro:** Che ________ giornata! Che facciamo ________?
   Ornella: Andiamo al ________?
   Sandro: Buona idea! Andiamo a nuotare!

2. **Renato:** Quanta ________! Perché non ________ a sciare.
   Silvio: Ma fa troppo ________.
   Renato: Non importa... Andiamo!

3. **Enzo:** Che cosa facciamo a ferragosto!
   Anna: Beh, dipende dal ________. Se fa caldo vorrei andare in ________, perché le ________ sono troppo affollate.

III. Che tempo fa?

In primavera di solito...

____
____
____
____

In estate di solito...

____
____
____
____

In autunno di solito...

____
____
____
____

In inverno di solito...

____
____
____
____

PER LA CONVERSAZIONE

I. Creare una scenetta basata sulle seguenti situazioni.

1. Due amiche si incontrano dopo le vacanze...

Silvia: Come hai passato le vacanze?
Nora: Sono rimasta a casa. E tu?
Silvia: Io invece sono andata...____________________
____
____

2. Marito e moglie decidono cosa fare per il fine settimana...

Franco: Che cosa vuoi fare questo fine settimana?
Luisa: È una bella giornata: perché non...____________________
____
____

3. Due amici decidono come passare la serata...

Giorgio: Che cosa facciamo questa sera?

Claudio: Beh, dipende...____

____

____

II. Rispondere alle seguenti domande.

1. In che mese siamo?
2. Che giorno è oggi?
3. Quanti ne abbiamo oggi?
4. Che tempo fa di solito in primavera/estate/autunno/inverno?
5. Qual è la Sua stagione preferita? Perché?
6. Dove preferisce passare le vacanze?
7. Quando va in vacanza di solito?

MODI DI DIRE

Rosso di sera buon tempo si spera.
Dare tempo al tempo.
Chi ha tempo non aspetti tempo.

RIDIAMO INSIEME

L'insegnante chiede: "Luigino, che cos'è che fa cadere la pioggia?"
Il bambino risponde: "Beh, quando due nuvole si scontrano, si fanno male, e allora piangono".

All'aeroporto Unità 5

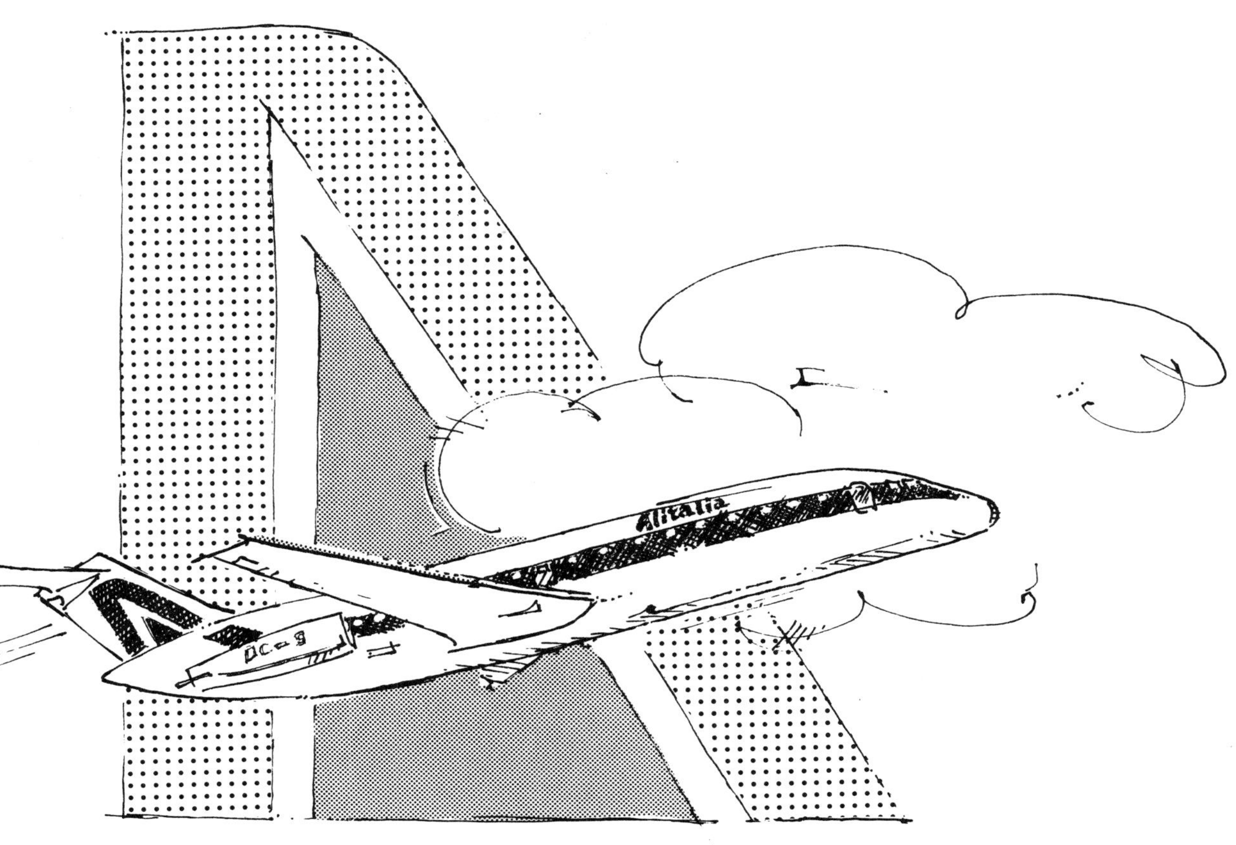

IMPIEGATO: Buon giorno!

PASSEGGERO: Buon giorno, signore!

IMPIEGATO: Il biglietto, per favore.

PASSEGGERO: Eccolo... Il volo AZ 650 per Toronto è in orario?

IMPIEGATO: Sì, oggi è in orario... Ha il passaporto?

PASSEGGERO: Ecco il passaporto...

IMPIEGATO: Ha bagagli?

PASSEGGERO: Sì, ho una valigia e una borsa da viaggio.

IMPIEGATO: Desidera un posto vicino al finestrino o al corridoio?

PASSEGGERO: Un posto vicino al finestrino, grazie. E... non fumo.

IMPIEGATO: Ecco la carta d'imbarco... L'uscita è la trentasei... L'imbarco è previsto per le dodici e trenta... La partenza per le tredici... L'arrivo a Toronto per le sedici e dieci... Buon viaggio!

PASSEGGERO: Grazie! ArrivederLa!

ESERCIZI SULLA LETTURA

I. Scegliere la risposta corretta.

1. Il volo AZ 650 per Toronto...
   - a) è in orario
   - b) è in ritardo
   - c) è in anticipo
   - d) è stato cancellato

2. Il passeggero ha...
   - a) una valigia
   - b) una valigia per abiti
   - c) una diplomatica
   - d) uno zaino

3. Il passeggero desidera un posto vicino...
   - a) al finestrino
   - b) al corridoio
   - c) alla toletta
   - d) al centro dell'aereo

4. L'imbarco è previsto per...
   - a) le tredici
   - b) le quattordici
   - c) le dodici e trenta
   - d) le dieci e venti

5. Il passeggero va...
   - a) negli Stati Uniti
   - b) in Canada
   - c) in Italia
   - d) in Brasile

II. Completare.

IMPIEGATO: Buon giorno!

PASSEGGERO: Buon giorno, __________!

IMPIEGATO: Il __________, per __________.

PASSEGGERO: Eccolo... Il __________ AZ 650 per Toronto è in ________?

IMPIEGATO: Sì, oggi è in ________... Ha il passaporto?

PASSEGGERO: Ecco il ________...

IMPIEGATO: Ha ________?

PASSEGGERO: Sì, ho ____ ________ e ____ ________ da ________.

IMPIEGATO: Desidera un ________ vicino al ________ o al ________?

PASSEGGERO: Un ________ vicino al ________, grazie. E... non ________.

IMPIEGATO: Ecco la ________ d'________... L'________ è la trentasei... L'________ è previsto per le dodici e trenta... La ________ per le tredici... L'________ a Toronto per le sedici e dieci... ________ ________!

PASSEGGERO: Grazie! ArrivederLa!

III. Mettere in scena il dialogo precedente.

DA RICORDARE

l'aeroporto ______	l'atterraggio ______
il binario ______	l'arrivo ______
il deposito bagagli ______	la coincidenza ______
la dogana ______	la crociera ______
il porto ______	il decollo ______
la sala d'aspetto ______	l'imbarco ______
la stazione ______	la partenza ______
l'ufficio informazioni ______	il viaggio ______
l'uscita ______	il volo ______

l'aereo ______	il bigliettaio ______
l'autobus ______	il comandante ______
la macchina ______	il controllore ______
la metropolitana ______	il facchino ______
la nave ______	l'hostess ______
il taxi ______	l'impiegato ______
il tram ______	lo steward ______
il treno ______	il turista ______

il bagaglio ______	il biglietto ______
la borsa da viaggio ______	la carta d'imbarco ______
la diplomatica ______	la classe turistica ______
la valigia ______	il passaporto ______
la valigia per abiti ______	la prenotazione ______
lo zaino ______	la prima/seconda classe ______

a che ora arriva il treno/volo da...? ______

avere qualcosa da dichiarare ______

buon viaggio! ______

da quale binario parte il treno per...? ______

essere in anticipo/orario/ritardo ______

ESERCIZI DI VOCABOLARIO

I. Completare usando tra le seguenti parole.

autobus	arrivo	volo	crociera	coincidenza	binario
dogana	aeroporto		facchino	passaporto	hostess

1. Il ________ trasporta carichi e bagagli nelle stazioni.
2. A Roma ho perduto la ________ per Milano.
3. Da quale ________ parte il treno per Firenze?
4. Prima della partenza l'________ ha detto: "Allacciatevi le cinture di sicurezza".
5. Ogni giorno vado a scuola in ________.
6. Per andare in Italia devo rinnovare il mio ________.
7. L'________ del ________ AZ 650 è previsto per le ore sedici.
8. Gli assistenti di volo distribuiranno i moduli per la ________.
9. L'anno scorso ho fatto una ________ nei Caraibi.
10. "Scusi, è questa la strada per l'________?"
    "Sì, vada diritto e al prossimo semaforo giri a sinistra".

II. Completare i seguenti dialoghi.

1. **Passeggero:** Scusi, a che ________ parte il ________ per Napoli?
   Bigliettaio: Alle ________ e ________ dal ________ numero 4.
   Passeggero: È in ________?
   Bigliettaio: No, oggi è in ________.

2. **Passeggero:** Un ________ per Bologna, per piacere.
   Bigliettaio: Solo andata?
   Passeggero: No, andata e ritorno.
   Bigliettaio: Di ________ o di seconda ________?
   Passeggero: Di seconda.

3. **Marito:** Il ________ parte tra un'ora e io non sono ancora pronto!
   Luisa: Non ti preoccupare, la ________ non è lontana. Ti chiamo subito un ________. Sbrigati però.

III. **Completare.**

1. L'aereo per Roma parte

______________________.

2. L'aereo per Milano parte

______________________.

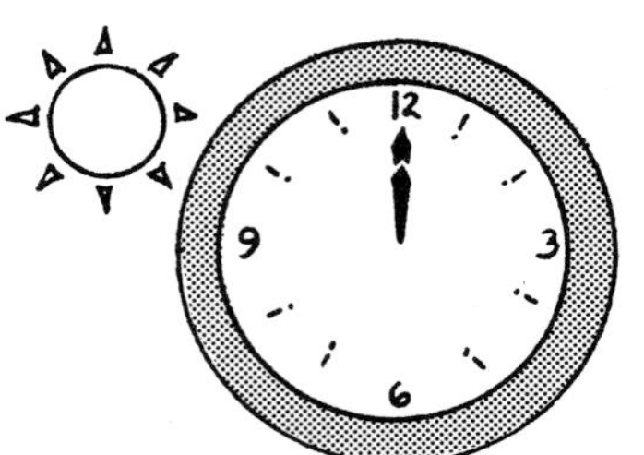

3. L'aereo per Toronto parte

______________________.

4. L'aereo per Parigi parte

______________________.

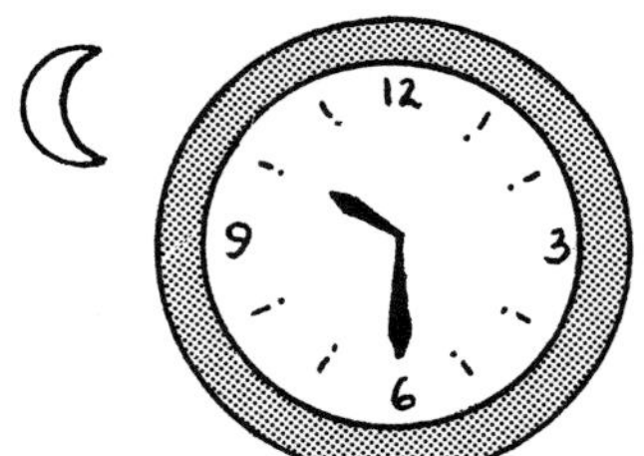

PER LA CONVERSAZIONE

I. **Creare una scenetta basata sulle seguenti situazioni:**

1. In un treno due persone fanno conoscenza...

Persona n. 1: Anche Lei va a Venezia?
Persona n. 2: ______________________
Persona n. 1: ______________________
Persona n. 2: ______________________

2. Alla fermata dell'autobus un giovanotto chiede informazioni ad una ragazza...

Giovanotto: Scusi, quale autobus devo prendere per Piazza Navona?
Signorina: ______________________
Giovanotto: ______________________
Signorina: ______________________

3. All'aeroporto due amici si incontrano dopo molto tempo...

Marco: ______________________________

Roberto: ______________________________

Marco: ______________________________

Roberto: ______________________________

II. Rispondere alle seguenti domande.

1. Le piace viaggiare?
2. Ha paura di viaggiare in aereo?
3. Quali paesi ha visitato? Quali città?
4. Quando prende l'aereo viaggia in prima classe o in classe turistica?
5. Quando prende il treno viaggia in prima o in seconda classe?

MODI DI DIRE

Meglio tardi che mai.
Chi tardi arriva male alloggia.
Il tempo vola.

RIDIAMO INSIEME

Un commesso viaggiatore alla dogana.
"Signore, apra la valigia, per favore".
"Finalmente posso far vedere il mio campionario a qualcuno!"

Al bar Unità 6

BARISTA: Prego, signori, desiderano?

SIGNORE: Per me un caffè corretto.

BARISTA: Con del cognac?

SIGNORE: No, lo preferisco con dell'anice.

BARISTA: Vuole anche una brioche?

SIGNORE: Sì, va bene, prendo anche una brioche.

BARISTA: E Lei, signora, cosa prende? Un caffè? Una pasta?

SIGNORA: Beh... sono americana e a colazione di solito prendo le uova con la pancetta... Ma, come si dice, paese che vai, usanza che trovi. Un cappuccino e una pasta, allora. Grazie.

ESERCIZI SULLA LETTURA

I. Scegliere la risposta corretta.

1. Il signore prende un...
   - a) un vermut
   - b) un cognac
   - c) un caffè
   - d) una cioccolata
2. Il signore prende un caffè...
   - a) corretto
   - b) macchiato
   - c) lungo
   - d) ristretto
3. La signora è...
   - a) americana
   - b) francese
   - c) italiana
   - d) tedesca
4. La signora prende...
   - a) le uova con la pancetta
   - b) una brioche
   - c) una pasta
   - d) un toast
5. La signora prende anche...
   - a) un aperitivo
   - b) un tè
   - c) un cappuccino
   - d) un'acqua minerale

II. Completare.

BARISTA: Prego, signori, ________?
SIGNORE: Per me un caffè ________.
BARISTA: Con del ________?
SIGNORE: No, lo preferisco con dell'________.

BARISTA: ________ anche una brioche?

SIGNORE: Sì, va bene, prendo anche una ________.

BARISTA: E Lei, signora, cosa ________? Un caffè? Una ________?

SIGNORA: Beh... sono americana e a ________ di solito prendo le uova con la pancetta... Ma, come si dice, paese che vai, usanza che trovi. Un ________ e una pasta, allora. Grazie.

III. Mettere in scena il dialogo precedente.

DA RICORDARE

il bicchiere__________ . il bar/caffé__________
la bottiglia__________ . il cameriere__________
la caffettiera__________ . la carta/il menu__________
il coltello__________ . la cena__________
il cucchiaino__________ . la colazione__________
il cucchiaio__________ . il conto__________
la forchetta__________ . la mancia__________
il piatto__________ . la mensa__________
il tavolo__________ . il pranzo__________
la tazza__________ . il ristorante__________
la tovaglia__________ . la tavola calda__________
il tovagliolo__________ . la trattoria__________

l'acqua minerale__________ la granita__________
l'aperitivo__________ il latte macchiato__________
l'aranciata__________ il liquore__________
la bibita__________ la pasta__________
la birra__________ il panino__________
la brioche__________ il succo di frutta__________
il cappuccino__________ il tè__________
la cioccolata__________ il tramezzino__________
il gelato__________ il vino__________

buon appetito__________
caffé corretto/lungo/macchiato/ristretto__________
cenare/pranzare__________
desidera?/desiderano?__________
fare colazione__________
fare uno spuntino__________
posso offrirLe qualcosa?__________
spaghetti al dente/ben cotti__________

ESERCIZI DI VOCABOLARIO

I. Completare usando le seguenti parole.

al dente	pranzare	pranzo	buon appetito	carta
conto	cenare	spuntino	fare colazione	cena

1. Ogni mattina Laura _________ _________ alle otto.
2. Gli Italiani la sera _________ tardi.
3. Ho apparecchiato la tavola per la _________.
4. Perché Paolo _________ sempre in trattoria?
5. Dopo _________ il signor Rossi di solito fa un sonnellino.
6. "Cameriere, il _________ per favore!"
7. "Cameriere, la _________ per favore!
8. La sera, prima di andare a dormire, faccio sempre uno _________.
9. In Italia gli spaghetti sono cucinati _________ _________.
10. Prima di cominciare a mangiare diciamo: "_________ _________!".

II. Completare i seguenti dialoghi.

1. **Clara:** Ho sete: _________ a prendere una _________?
Ennio: Sì, andiamo. Offro io.
Clara: Beh, se offri tu, allora prendo un _________, un _________, una _________ e...
Ennio: Come sei _________!

2. **Signora Veri:** Cosa vi posso _________ prima di _________?
Signora Bivi: Io prendo un _________ di _________ minerale.
Signor Bivi: Io invece prendo un _________.
Signora Veri: E tu, caro, cosa prendi?
Signor Veri: Un bicchiere di _________ bianco.

3. **Aldo:** Nino, andiamo a mangiare qualcosa?
Nino: Beh, non ho fame. Ho già mangiato un _________ al _________. Però vengo lo stesso e prendo solo un _________.

III. Ha una buona memoria? Fermi la Sua attenzione sui dieci oggetti raffigurati. Poi chiuda il libro. Quindi cerchi di ricordare gli oggetti. Se ne ricorda da cinque a otto la Sua memoria è buona; se ne ricorda più di otto è eccellente.

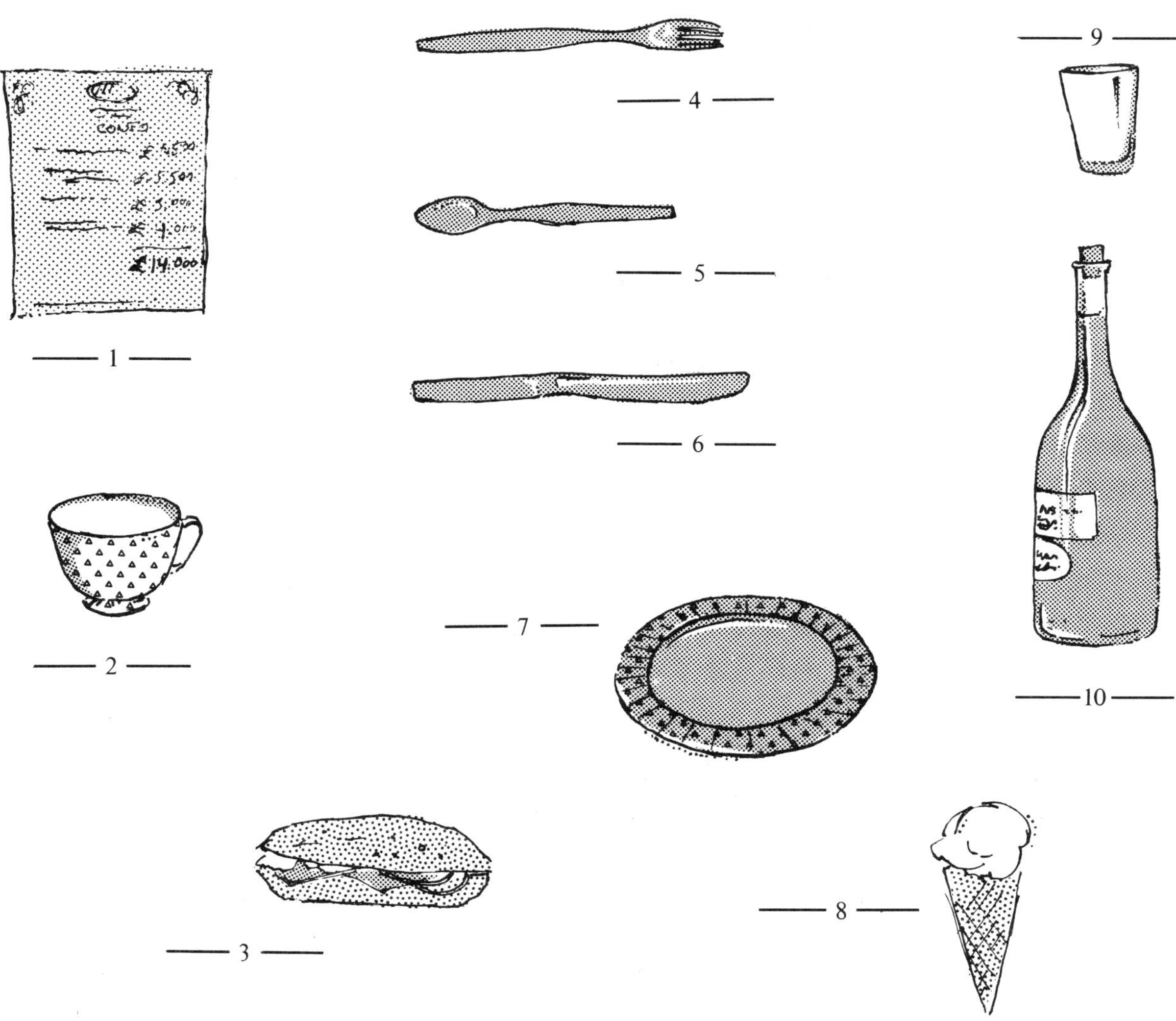

PER LA CONVERSAZIONE

I. **Creare una scenetta basata sulle seguenti situazioni.**

1. Al bar.

Cameriere: Desidera?

Signor Rossi: Vorrei... ______________________________

____

____

2. In trattoria.

Trattoria

Al Gazzettino

coperto	£ 1.500
vino-birra	£ 1.000
acqua minerale	£ 500
pizza	£ 3.000
pasti a prezzo fisso . . .	£ 3.000
antipasti	£ 2.000
primi piatti	£ 3.000
secondi piatti	£ 7.000
contorni	£ 2.500
formaggi	£ 1.000
frutta	£ 1.000
dolci-dessert	£ 2.000
caffè-liquori	£ 800

Cameriere: Desiderano?

Signor Vanni: Mi porti... ____________________

____

Signor Verdi: Per me... ____________________

____

Signor Cervi: Io invece prendo... ____________________

____

3. Luisa ed Andria vanno al bar a prendere un gelato...

Barista: ____

Luisa: ____

____

Andria: ____

____

II. Rispondere alle seguenti domande.

1. Qual è il Suo piatto preferito?
2. Vive per mangiare oppure mangia per vivere?
3. Va spesso a cena fuori?
4. Perché molte persone oggi fanno la dieta?
5. Ha paura d'ingrassare?

MODI DI DIRE

L'appetito vien mangiando.

O mangi questa minestra o salti questa finestra.

Troppi cuochi guastano la cucina.

Non c'è fumo senza arrosto.

Gallina vecchia fa buon brodo.

RIDIAMO INSIEME

"Cameriere, ma Lei nel conto ha addizionato anche la data..."

"Ma come, signorina, non sa che il tempo è denaro?"

MARCELLO: Ciao, Mario. Come stai? Quest'anno ti ho visto molto poco.

MARIO: Sono molto occupato. Seguo dei corsi molto impegnativi.

MARCELLO: Eh, sì... ci credo! Fai l'ultimo anno e...

MARIO: E come ben sai c'è molto da fare...

MARCELLO: E la tua ragazza come sta?

MARIO: Abbastanza bene. Studia medicina e spera di laurearsi l'anno prossimo. E tu invece?

MARCELLO: Anch'io sono iscritto alla Facoltà di Medicina, ma faccio il secondo anno. Perché non andiamo a prendere un caffè?

MARIO: Verrei volentieri, ma ho fretta. Devo andare a lezione. Ti telefono stasera, va bene?

MARCELLO: Sì, a stasera allora.

ESERCIZI SULLA LETTURA

I. Scegliere la risposta corretta.

1. Mario fa...

   a) il primo anno
   b) il secondo anno
   c) il terzo anno
   d) l'ultimo anno

2. La ragazza di Mario studia...

   a) medicina
   b) legge
   c) lettere e filosofia
   d) scienze politiche

3. La ragazza di Mario spera di laurearsi...

   a) quest'anno
   b) l'anno prossimo
   c) fra tre anni
   d) fra due anni

4. Marcello è iscritto alla...

   a) Facoltà di Ingegneria
   b) Facoltà di Medicina
   c) Facoltà di Giurisprudenza
   d) Facoltà di Scienze Politiche

5. Mario deve andare...

   a) a prendere un caffè
   b) a casa
   c) a lezione
   d) dal dottore

II. Completare

MARCELLO: Ciao, Mario. Come stai? Quest'_________ ti ho visto molto poco.

MARIO: Sono molto occupato. Seguo dei _________ molto impegnativi.

MARCELLO: Eh, sì... ci credo! Fai l'_________ anno e...

MARIO: E come ben sai c'è molto da fare...

MARCELLO: E la tua ragazza come sta?

MARIO: Abbastanza bene. Studia _________ e spera di __________ l'anno prossimo. E tu invece?

MARCELLO: Anch'io sono _________ alla Facoltà di Medicina, ma faccio il _________ anno. Perché non andiamo a prendere un caffè?

MARIO: Verrei volentieri, ma ho fretta. Devo andare a __________. Ti telefono stasera, va bene?

MARCELLO: Sì, a stasera allora.

III. Mettere in scena il dialogo precedente.

DA RICORDARE

l'aula ____________________

il banco ____________________

la biblioteca ____________________

la classe ____________________

i compiti ____________________

il componimento ____________________

il corso ____________________

il diploma ____________________

l'esame ____________________

il gesso ____________________

la gomma ____________________

l'insegnante ____________________

la laurea ____________________

la lavagna ____________________

la lezione ____________________

la libreria ____________________

il libro ____________________

il maestro ____________________

la materia ____________________

la matita ____________________

la penna ____________________

il professore ____________________

la professoressa ____________________

la prova ____________________

il quaderno ____________________

il saggio ____________________

la scrivania ____________________

la tassa d'iscrizione ____________________

l'università ____________________

il voto ____________________

diplomarsi ____________________

imparare ____________________

insegnare ____________________

laurearsi ____________________

andare a scuola ____________________

essere assente/presente ____________________

essere bocciato/promosso/rimandato ____________________

frequentare la scuola ____________________

iscriversi a un corso ____________________

marinare la scuola ____________________

ottenere un diploma/una laurea ____________________

prendere appunti ____________________

saltare la lezione ____________________

scuola materna/elementare/media/superiore ____________________

studiare lettere/lingue/musica/ingegneria/scienze politiche/ economia e commercio ____________________

ESERCIZI DI VOCABOLARIO

I. Completare usando le seguenti parole.

insegnare	lezione	corso	classe
studiare	imparare	esame	laurea
tassa d'iscrizione	frequentare		essere promosso

1. __________ l'italiano da settembre.
2. L'anno prossimo vorrei iscrivermi ad un __________ di economia e commercio.
3. Daniele: "Scusi, quant'è la _________ _________ _________?
   Segretaria: "250 dollari a corso".
4. L'_________ di biologia è stato molto difficile.
5. Matteo: "Ciao, Alfredo, dove vai?"
   Alfredo: "Ho fretta... Vado a _________.
6. Il professore _________. Gli studenti _________.
7. Milena __________ l'università: fa il primo anno.
8. Tre mesi fa mi sono innamorato di una ragazza della mia __________ e da allora non ho saltato più lezioni.
9. Ugo ha ottenuto una _________ in Lettere e Filosofia.
10. L'anno scorso Silvia non _________ _________ _________.

II. Completare i seguenti dialoghi.

1. **Marco:** Antonio, domani c'è l'_________ di _________.
   Antonio: Lo so, devo ancora rileggere i miei _________.
   Marco: Il _________ Rossi ha detto che ci sarà una ___________ scritta e poi un'altra orale.

2. **Pina:** Dove vai?
   Lisa: Vado prima in ___________ perché devo restituire alcuni libri e poi vado in __________ a comprare un libro e dei __________.
   Pina: Vengo anch'io.

3. **Filippo:** Allora, sei stato ________?

   Giovanni: Sì, gli ________ sono andati bene. Ho ricevuto dei ________ molto alti. E tu?

   Filippo: Tutto bene! Il prossimo anno mi iscriverò alla ________ di ________.

   Giovanni: Ah, anch'io voglio fare l'avvocato.

III. Anagrammare le seguenti parole.

1. t m i a t a ____________________
2. e n a n p ____________________
3. a s l o u c ____________________
4. v a g a l n a ____________________
5. e a u d q r o n ____________________
6. s o e p e r f o r s ____________________
7. d u e t s n t e ____________________
8. o m c n m o t e o p i n ____________________
9. z r e c i n s i o i ____________________
10. r u a l e a ____________________

PER LA CONVERSAZIONE

I. Creare una scenetta basata sulle seguenti situazioni.

1. Prima di scrivere un saggio una studentessa chiede dei consigli al professore...

   Studentessa: ____

   ____

   Professore: ____

   ____

2. Flora chiede alla sua amica informazioni sul corso d'italiano...

   Flora: Cosa avete fatto l'anno scorso nel corso di italiano? Ti è piaciuto?

   Grazia: ____

   ____

3. Emilio chiede a Mark come funziona il sistema scolastico del suo paese.

Emilio: ______________________________

____

Mark: ______________________________

____

II. Rispondere alle seguenti domande.

1. Perché frequenta l'università?
2. Perché studia l'italiano?
3. Cosa si può fare con una laurea in italiano?
4. Cosa pensa di fare dopo il diploma o la laurea?
5. Qual è il Suo ricordo più bello della scuola?

MODI DI DIRE

Impara l'arte e mettila da parte.

Sbagliando s'impara.

Impariamo per la vita non per la scuola.

RIDIAMO INSIEME

La maestra: "Carletto, d'ora in poi, prima di entrare in classe, ti prego di dire 'Buon giorno, signorina!' e non 'Salve, bambola!'"

Dalla chiaroveggente Unità 8

CHIAROVEGGENTE: Nella sfera di cristallo... vedo... vedo... che Lei sposerà una donna ... ricchissima...

GIANFRANCO: Ma non può essere: sono già sposato!

CHIAROVEGGENTE: Ha ragione! Infatti... La vedo al volante di una Ferrari... con a fianco una donna bruna... che è proprio sua moglie...

GIANFRANCO: Ma se non ho nemmeno la patente. E poi, mia moglie è bionda!

CHIAROVEGGENTE: Che sbadata! Con questa sfera in bianco e nero non riesco a distinguere bene i colori... Comunque, la fortuna è dalla Sua parte. Diventerà ricco... domenica vincerà un miliardo al totocalcio...

GIANFRANCO: Sarà... Io invece... nella sfera di cristallo... vedo... vedo... che perderò 40 mila lire.

CHIAROVEGGENTE: Non capisco...

GIANFRANCO: Lei mica lavora gratis?!

ESERCIZI SULLA LETTURA

I. Scegliere la risposta corretta.

1. Secondo la chiaroveggente Gianfranco sposerà una donna...
   a) ricchissima
   b) bellissima
   c) poverissima
   d) bruttissima

2. Gianfranco è...
   a) scapolo
   b) fidanzato
   c) sposato
   d) vedovo

3. Al volante della Ferrari, Gianfranco ha a fianco...
   a) la moglie
   b) l'amante
   c) la suocera
   d) la segretaria

4. Gianfranco non ha...
   a) la carta d'identità
   b) il passaporto
   c) il foglio rosa
   d) la patente

5. La chiaroveggente dice che Gianfranco vincerà...
   a) un miliardo al totocalcio
   b) il premio Nobel
   c) al lotto
   d) un Oscar

II. Completare

CHIAROVEGGENTE: Nella __________ di __________... vedo... vedo... che Lei sposerà una donna ... ricchissima...

GIANFRANCO: Ma non può essere: sono già __________!

CHIAROVEGGENTE: Ha ragione! Infatti... La vedo al volante di una

Ferrari... con a fianco una donna bruna... che è proprio sua _________...

GIANFRANCO: Ma se non ho nemmeno la patente. E poi, mia moglie è bionda!

CHIAROVEGGENTE: Che sbadata! Con questa sfera in _________ e _________ non riesco a distinguere bene i _________... Comunque, la _________ è dalla Sua parte. Diventerà _________... domenica _________ un miliardo al totocalcio...

GIANFRANCO: Sarà... Io invece... nella sfera di cristallo... vedo... vedo... che _________ 40 mila lire.

CHIAROVEGGENTE: Non capisco...

GIANFRANCO: Lei mica lavora _________?!

III. **Mettere in scena il dialogo precedente.**

DA RICORDARE

affettuoso__________
alto__________
altruista__________
ambizioso__________
antipatico__________
attraente__________
avaro__________
basso__________
bello__________
biondo__________
bravo__________
bruno__________
brutto__________
buono__________
cattivo__________
colto__________
cortese__________
debole__________
dolce__________
egoista__________
forte__________
geloso__________
generoso__________
gentile__________
grande__________
grasso__________
individualista__________
intelligente__________
ironico__________
magro__________
maleducato__________
nervoso__________
ottimista__________
onesto__________
orgoglioso__________
paziente__________
pessimista__________
piccolo__________
pigro__________
possessivo__________
povero__________
ricco__________
sensibile__________
serio__________
sfacciato__________
simpatico__________
sincero__________
stupido__________
testardo__________
timido__________

il compleanno__________
l'onomastico__________

la chiaroveggente__________
indovinare__________
l'oroscopo__________
i segni dello zodiaco__________
la sfera di cristallo__________
la superstizione__________

ESERCIZI DI VOCABOLARIO

I. Completare usando le seguenti parole.

gelosa	compleanno	testardo	superstizioso	pessimista
pigro	onomastico	egoista	fidanzato	indovinare

1. Mio zio è _________: non passa mai sotto una scala.
2. Oggi è il _________ di Mario: compie 20 anni.
3. Guglielmo è _________ con Sara; si sposeranno fra un anno.
4. L'_________ di Patrizio è il 17 marzo.
5. Tarcisio: "Quanto hai pagato questa camicetta?"
   Matilde: "_________?"
6. Mario è così _________ che la mattina non si alzerebbe mai.
7. Rosanna è molto _________ e non vuole che le donne si avvicinino a suo marito.
8. Ernesto è _________ come un mulo: non ascolta mai il parere degli altri.
9. Attilio pensa solo a se stesso: è un vero _________.
10. Io sono ottimista, ma mio fratello è _________.

II. Completare i seguenti dialoghi.

1. **Zingara:** La palma della sua mano è molto interessante... Lei è molto _________. Infatti è _________ di suo marito. Però è _________: pensa sempre agli altri.
   Signora: Ha indovinato!
   Zingara: È anche molto _________ e lascia delle belle mance...
   Signora: Eh, no! Questa volta ha sbagliato!!

2. **Signora Perelli:** Come si è fatto _________ questo tuo ragazzo! Quant'è _________! È così _________.
   Signora Bernini: Eh, sì... E a pensare che quando era _________ era _________ e _________. Ne combinava di tutti i colori.

3. **Olga:** Ciao, Eva! Sono anni che non ci vediamo! Che c'è di nuovo?

Eva: Mi sono ________ con Carlo Rettori...

Olga: Ah, sì, lo ricordo benissimo. Ma non è quel ragazzo ________ e ________ che a scuola sedeva dietro di te?

Eva: Sì, è proprio lui...

III. Aggiungere accanto al Suo segno zodiacale gli aggettivi che descrivono meglio il Suo carattere.

ARIETE (dal 21 marzo al 20 aprile)
intelligente, fiero, geloso, ____________________
____

TORO (dal 21 aprile al 21 maggio)
forte, testardo, pigro, ____________________
____

GEMELLI (dal 22 maggio al 21 giugno)
generoso, ironico, spiritoso, ____________________
____

CANCRO (dal 22 giugno al 22 luglio)
sensibile, romantico, gentile, ____________________
____

LEONE (dal 23 luglio al 23 agosto)
ambizioso, riflessivo, orgoglioso, ______________
____

VERGINE (dal 24 agosto al 23 settembre)
pratico, riservato, timido, ____________________
____

BILANCIA (dal 24 settembre al 23 ottobre)
indeciso, generoso, gentile, ____________________
____

SCORPIONE (dal 24 ottobre al 22 novembre)
polemico, individualista, irrequieto, ____________
____

SAGITTARIO (dal 23 novembre al 21 dicembre)
possessivo, idealista, ottimista, ______________
____

CAPRICORNO (dal 22 dicembre al 20 gennaio)
paziente, serio, diligente, ____________________
____

ACQUARIO (dal 21 gennaio al 18 febbraio)
originale, distratto, altruista, _______________
____

PESCI (dal 19 febbraio al 20 marzo)
sincero, imprevedibile, sensibile, _____________
____

PER LA CONVERSAZIONE

I. Creare una scenetta basata sulle seguenti situazioni.

1. Enza sta leggendo il giornale...

Maria: Enza, mi leggi l'oroscopo di oggi, per favore?
Enza: ____
____
____

2. Una signorina ha assistito ad una rapina e...

Commissario: Signorina, può farci un identikit del ladro?
Signorina: ____
____
____

3. Intervista ad un'attrice famosa.

Giornalista: Come mai una donna così attraente non si è ancora sposata?

Attrice: Beh, non ho ancora trovato il mio uomo ideale...

Giornalista: Che tipo di uomo cerca?

Attrice: ____

____

____

II. Rispondere alle seguenti domande.

1. Ha fratelli e sorelle? Parli di loro.
2. È sposato/a? È fidanzato/a?
3. Ha un ragazzo/una ragazza? Com'è?
4. Come deve essere il Suo uomo/la Sua donna ideale?
5. È superstizioso/a? Crede nell'oroscopo?

MODI DI DIRE

Il mondo è bello perché è vario.

Tutti i gusti sono gusti.

L'apparenza inganna.

Chi va con lo zoppo impara a zoppicare.

RIDIAMO INSIEME

"Signora, vedo... vedo... un uomo sulla Sua strada...".

"Lo so... è quello che ho investito ieri...".

Oggi è sabato. Giulia Rossini e la figlia Teresa vanno alla Rinascente a fare delle compere.

COMMESSA: Prego, desidera?

GIULIA: Vorrei vedere quella camicetta rossa che è in vetrina.

TERESA: Mamma, tu porti la taglia 42, ma quella che vuoi vedere mi pare troppo grande.

COMMESSA: Ha ragione la signorina. Ne ho una più piccola, ma è blu. Le piace questo colore?

GIULIA: Sì, mi piace. Posso provarla?

COMMESSA: Senz'altro! Si accomodi in cabina così si può guardare allo specchio.

GIULIA: Grazie...

TERESA: Ti sta molto bene, mamma.

GIULIA: Non è un po' stretta?

COMMESSA: No, Le va veramente bene. Sembra fatta su misura per Lei.

GIULIA: Mi ha convinta! Quanto costa?

COMMESSA: Centomila lire.

GIULIA: Bene, la prendo...

ESERCIZI SULLA LETTURA

I. Scegliere la risposta corretta.

1. Giulia Rossini vuole comprare...
   - a) un paio di scarpe
   - b) un cappotto
   - c) una camicetta
   - d) una gonna

2. Giulia Rossini porta la taglia...
   - a) 38
   - b) 50
   - c) 40
   - d) 42

3. Giulia Rossini prova una maglia di colore...
   - a) blu
   - b) verde
   - c) nero
   - d) rosso

4. Secondo la commessa, la maglia alla signora Rossini...
   - a) è troppo stretta
   - b) è troppo larga
   - c) sta bene
   - d) sta male

4. La camicetta costa...
   - a) quarantamila lire
   - b) centomila lire
   - c) cinquantamila lire
   - d) un miliardo

II. Completare

Oggi è sabato. Giulia Rossini e la figlia Teresa vanno alla Rinascente a fare delle compere.

COMMESSA: Prego, desidera?

GIULIA: Vorrei vedere quella ________ rossa che è in ________.

TERESA: Mamma, tu porti la ________ 42, ma quella che vuoi vedere mi pare troppo ________.

COMMESSA: Ha ragione la signorina. Ne ho una più ________, ma è blu. Le piace questo ________?

GIULIA: Sì, mi piace. Posso ________?

COMMESSA: Senz'altro! Si accomodi in ________ così si può guardare allo ________.

GIULIA: Grazie...

TERESA: Ti sta molto ________, mamma.

GIULIA: Non è un po' ________?

COMMESSA: No, Le va veramente bene. Sembra fatta su ________ per Lei.

GIULIA: Mi ha convinta! Quanto ________?

COMMESSA: Centomila lire.

GIULIA: Bene, la ________...

III. Mettere in scena il dialogo precedente.

DA RICORDARE

l'abbigliamento ____________
l'abito ____________
la borsa ____________
le calze ____________
i calzini ____________
la camicetta ____________
la camicia ____________
il cappello ____________
il cappotto ____________
il costume da bagno ____________
la cravatta ____________
il fazzoletto ____________

la giacca ____________
la gonna ____________
i guanti ____________
l'impermeabile ____________
il maglione ____________
i pantaloni ____________
la pelliccia ____________
il pigiama ____________
le scarpe ____________
la sciarpa ____________
gli stivali ____________
il vestito ____________

. . . .

la calzoleria ____________
la gioielleria ____________
il grande magazzino ____________
la pelletteria ____________
la profumeria ____________
la vetrina ____________

. . . .

l'anello ____________
il braccialetto ____________
la collana ____________
gli orecchini ____________
l'orologio ____________

arancione ____________
azzurro ____________
bianco ____________
blu ____________
giallo ____________
grigio ____________
marrone ____________
nero ____________
rosa ____________
rosso ____________
verde ____________
viola ____________

. . . .

che numero/taglia porta? ____________
costare un occhio ____________
fare delle compere ____________
fare/chiedere lo sconto ____________
prezzi fissi ____________

ESERCIZI DI VOCABOLARIO

I. Completare usando le seguenti parole.

abito	camicetta	camicia	vestito	fare delle compere
borsa	orologio	cravatte	stivali	grande magazzino

1. Ieri Maria si è comprata un bellissimo paio di ________.
2. A Natale ho regalato a mia madre una ________ di lino.
3. In quel ________ ________ hanno prezzi fissi.
4. Oggi vado in centro a ________ ________ ________.
5. Quella ragazza con il ________ blu è la fidanzata di Tiziano.
6. In quel negozio ho visto una ________ a righe molto bella.
7. L'________ da sera di Patrizia era molto elegante.
8. "Ti piacciono queste ________ di lana?"
   "No, preferisco quelle di seta".
9. "Mamma, dov'è la mia ________?"
10. "Che ore sono?"
    "Non lo so, ho dimenticato l'________ a casa".

II. Completare i seguenti dialoghi.

1. In calzoleria.

Cliente: Vorrei un paio di ________.
Commesso: Di che colore?
Cliente: ________.
Commesso: Che numero ________?
Cliente: Il ________.

2. In gioielleria.

Cliente: Vorrei fare un ________ a mia moglie. Domenica è il suo compleanno. Cosa mi consiglia?
Commesso: Degli ________ di brillanti... una ________ di perle... un ________ d'oro...
Cliente: Potrei vedere la ________?

3. Davanti alla vetrina di una pellicceria.

Paola: Che bella ________ di visone!

Adriana: Costerà un occhio! Chissà se fanno lo ________.

Paola: Non credo... hanno ________ ________.

III. Identificare i seguenti capi di abbigliamento.

PER LA CONVERSAZIONE

I. Creare una scenetta basata sulle seguenti situazioni.

1. In un negozio di abbigliamento.

Elena: Vorrei comprare questo maglione. Quanto costa?

Commessa: Duecentomila lire.

Elena: Ma scherza?!

Commessa: ________________________________

Elena: ________________________________

2. In una pelletteria.

Commessa: Prego, desidera?
Marianna: Vorrei comprare delle valigie.
Commessa:____
Marianna:____

3. In una profumeria.

Armando: È l'onomastico di mia moglie e vorrei farle un regalo.
Commessa:____
Armando:____
Commessa:____

II. Rispondere alle seguenti domande.

1. Cosa comprerebbe Lei con 10 mila dollari in una gioielleria?
2. Quali sono i Suoi colori preferiti? Perché?
3. Cosa pensa della moda di oggi?
4. Si fa confezionare i vestiti su misura? Perché?
5. Che cosa porta oggi?

MODI DI DIRE

L'abito non fa il monaco.
Sudare sette camicie.
Chi disprezza compra.
Nascere con la camicia.
Farne di tutti i colori.

RIDIAMO INSIEME

"Vorrei una bottiglia di shampoo vuota".
"Vuota?!"
"Sì, vuota; che c'è di strano? Non vede che sono calvo?"

Al mercato Unità 10

Valeria e sua madre vanno al mercato a fare la spesa.

PESCIVENDOLO: Che cosa desidera, signora?

MADRE: A quanto va il merluzzo?

PESCIVENDOLO: A 15.000 mila lire il chilo.

MADRE: Me ne dia un chilo e mezzo per favore.

PESCIVENDOLO: Ecco a Lei. Altro, signora?

MADRE: No, grazie. Basta così per ora.

VALERIA: Mamma, guarda che belle ciliege!

MADRE: Prendiamone mezzo chilo... E l'uva com'è?

FRUTTIVENDOLO: Molto buona. La prenda, è dolcissima. Va solo a 2.500 lire.

MADRE: Mi sembra un po' cara. Prendo solo le ciliege.

ESERCIZI SULLA LETTURA

I. Scegliere la risposta corretta.

1. Valeria e sua madre vanno...
   - a) al supermercato
   - b) al mercato
   - c) ai grandi magazzini
   - d) al negozio di alimentari

2. Comprano un chilo e mezzo di...
   - a) merluzzo
   - b) cozze
   - c) gamberi
   - d) calamari

3. Prendono anche mezzo chilo di...
   - a) ciliege
   - b) pere
   - c) pesche
   - d) fragole

4. Il fruttivendolo dice che l'uva è...
   - a) dolcissima
   - b) agra
   - c) matura
   - d) acerba

5. Secondo la madre l'uva è...
   - a) a buon mercato
   - b) un po' cara
   - c) gratis
   - d) troppo cara

II. Completare

Valeria e sua madre vanno al ________ a fare la ________.

PESCIVENDOLO: Che cosa ________, signora?
MADRE: A quanto va il ________?
PESCIVENDOLO: A 15.000 mila lire il ________.

MADRE:	Me ne dia un chilo e mezzo per favore.
PESCIVENDOLO:	Ecco a Lei. Altro, signora?
MADRE:	No, ________. Basta così per ________.
VALERIA:	Mamma, guarda che belle ________!
MADRE:	Prendiamone mezzo chilo... E l'________ com'è?
FRUTTIVENDOLO:	Molto ________. La prenda, è ________. Va solo a 2.500 lire.
MADRE:	Mi sembra un po' ________. Prendo solo le ciliege.

III. Mettere in scena il dialogo precedente.

DA RICORDARE

l'anguria ____	l'aglio ____
l'arancia ____	la carota ____
la banana ____	il cetriolo ____
la ciliegia ____	la cipolla ____
la fragola ____	i fagiolini ____
la frutta ____	la lattuga ____
il limone ____	la patata ____
la mela ____	i piselli ____
il melone ____	il pomodoro ____
la pera ____	il sedano ____
la pesca ____	gli spinaci ____
l'uva ____	la verdura ____

la macelleria ____	l'aragosta ____
il negozio di alimentari ____	le cozze ____
il panificio ____	i gamberi ____
la pasticceria ____	il merluzzo ____
la pescheria ____	il pesce ____
la salumeria ____	la sogliola ____
la tabaccheria ____	le vongole ____

l'agnello ____	il capicollo ____
la carne ____	il formaggio ____
il manzo ____	la mortadella ____
il pollo ____	il prosciutto ____
il vitello ____	il salame ____

l'aceto ____	il pepe ____
il latte ____	il sale ____
l'olio ____	l'uovo ____
il pane ____	lo zucchero ____

ESERCIZI DI VOCABOLARIO

I. Completare usando le seguenti parole.

pesce	spinaci	pasticceria	prosciutto	sale
cozze	lattuga	pomodori	formaggio	pepe
negozio		carote	frutta	olio

1. Nel ________ di alimentari compro il ________ e il ________ per condire l'insalata.
2. Oggi a colazione Giancarlo ha mangiato un panino con ________ e ________.
3. Mia moglie fa l'insalata con la ________ e i ________.
4. Nella ________ ho comprato dieci paste.
5. In pescheria mia madre ha comprato mezzo chilo di ________.
6. Braccio di Ferro mangia gli ________ per diventare forte.
7. Dopo una bella cena mangio spesso della macedonia di ________.
8. Con le patate fritte va bene il ________.
9. Si dice che le ________ fanno bene alla vista.
10. La pasta ad aglio e ________ è una vera specialità.

II. Completare i seguenti dialoghi.

1. **Mamma:** Ti preparo dei ________ per il picnic di domani?
   Fabio: Sì, mamma. Puoi farmi un panino con ________ e un altro con ________.
   Mamma: Vuoi anche un po' di frutta?
   Fabio: Certo. Una ________ e una ________.

2. **Isabella:** Dove siete andati oggi?
   Giulio: Siamo andati in campagna a cogliere un po' di frutta.
   Ernesto: E io mi sono fatto una bella mangiata di ________.
   Giulio: Ti abbiamo portato delle ________, delle ________ e delle ________.
   Isabella: Come siete bravi! Io amo la ________.

3. **Signor Pontano:** Nell'orticello dietro casa abbiamo ancora un po' di spazio per piantare qualcosa...

Signora Pontano: Mettiamo un po' di ________ perché mi piacciono fritte. Per l'insalata ci servono dei ________ e dei ________ e...

Signor Pontano: ...e delle ________.

III. Cancellare tutte le sillabe delle 10 parole rispondenti alle definizioni date sotto. Se la soluzione sarà esatta, le sillabe che resteranno, lette nell'ordine, formeranno un proverbio.

la	ro	del	ma	chi	zuc	du	mo	stic	ba
la	va	dor	na	che	ver	me	me	ra	li
ne	ta	non	pa	cel	ria	pi	ra	glia	na
pe	pe	ria	ce	mor	sci	uo	le		

DEFINIZIONI: **1.** Una al giorno toglie il medico di torno - **2.** Il frutto del pero - **3.** Si mette nel caffé - **4.** Negozio dove si vendono le torte - **5.** Frutto tropicale - **6.** Il gallo... non le fa - **7.** Negozio dove si vende la carne - **8.** Si compra in salumeria - **9.** Si mette nel tè - **10.** Lo sono le lattughe, le carote, i piselli e i fagiolini.

SOLUZIONE: ____

PER LA CONVERSAZIONE

I. Creare una scenetta basata sulle seguenti situazioni.

1. In pescheria, la vigilia di Natale.

Pescivendolo: Cosa le occorre per la cena di stasera?

Signora Rossini: ____

____

2. Due ragazze si preparano per un picnic.

Lucia: Maria, cosa portiamo al picnic domani?

Maria: ____

____

3. Valeria e la madre vanno al supermercato a fare la spesa.

Valeria: Mamma, che cosa ci serve oggi?

Madre: ____

____

II. Rispondere alle seguenti domande.

1. Quando fa la spesa, cosa compra?
2. Cosa pianterebbe Lei in un orto?
3. Come si fanno i sottaceti e la frutta sciroppata?

MODI DI DIRE

Essere buono come il pane.
Prendere due piccioni con una fava.
Chi dorme non piglia pesci.
Meglio un uovo oggi che la gallina domani.

RIDIAMO INSIEME

"Un chilo di latte".
"Ma il latte non si pesa, si misura!"
"Allora me ne dia un metro!"

Al concerto Unità 11

SIMONA: A che ora inizia il concerto?

TERESA: Alle nove. Ma dobbiamo affrettarci se vogliamo prendere i primi posti...

SIMONA: Sì, sbrighiamoci. Non vedo l'ora di assistere allo spettacolo!

TERESA: Nella borsa ho la mia macchina fotografica... però devo ancora comprare il rullino e il flash...

SIMONA: Che ore sono?

TERESA: Sono le sette e mezza.

SIMONA: Allora andiamo, perché lo studio fotografico chiude alle otto.

TERESA: Sì, andiamo... Sono pronta! I biglietti li hai tu?

SIMONA: Sì, sono nella borsa...

ESERCIZI SULLA LETTURA

I. Scegliere la risposta corretta.

1. Simona e Teresa vanno...
   - a) al cinema
   - b) a teatro
   - c) al concerto
   - d) all'opera

2. Teresa e Simona vogliono...
   - a) i primi posti
   - b) un palco
   - c) dei posti in galleria
   - d) dei posti in platea

3. Nella borsa Teresa ha...
   - a) un rullino
   - b) una macchina fotografica
   - c) un flash
   - d) una cinepresa

4. Teresa deve ancora comprare...
   - a) la macchina fotografica
   - b) i biglietti
   - c) il binocolo
   - d) il rullino e il flash

5. Per comprare il rullino e il flash Teresa e Simona devono andare...
   - a) al generi alimentari
   - b) al grande magazzino
   - c) allo studio fotografico
   - d) in tabaccheria

II. Completare

SIMONA: A che ora inizia il __________?

TERESA: Alle nove. Ma dobbiamo affrettarci se vogliamo prendere i __________ __________...

SIMONA: Sì, sbrighiamoci. Non vedo l'ora di assistere allo __________!

TERESA: Nella borsa ho la mia ________ ________... però devo ancora comprare il ________ e il flash...

SIMONA: Che ore sono?

TERESA: Sono le sette e mezza.

SIMONA: Allora andiamo, perché lo ________ ________ chiude alle otto.

TERESA: Sì, andiamo... Sono pronta! I ________ li hai tu?

SIMONA: Sì, sono nella borsa...

III. **Mettere in scena il dialogo precedente.**

DA RICORDARE

l'atto__________
l'attore__________
l'attrice__________
il balletto__________
il binocolo__________
il botteghino__________
il canale__________
il cantante__________
la canzone__________
il cinema__________
la cinepresa__________
la commedia__________
il complesso__________
il concerto__________
il dramma__________
il film__________
la galleria__________
l'intervallo__________
la macchina fotografica__________
la musica leggera__________
l'opera__________
l'orchestra__________
il palcoscenico__________
la platea__________
il protagonista__________
la rappresentazione__________
il regista__________
il rullino__________
la scena__________
lo schermo__________
il sipario__________
lo spettacolo__________
lo studio fotografico__________
il teatro__________
il telecomando__________
il telegiornale__________
il teleromanzo__________
la tragedia__________
la trama__________
il videoregistratore__________

applaudire__________
ballare__________
cantare__________
recitare__________
registrare__________
suonare__________

a che ora inizia/termina lo spettacolo?__________
andare al cinema/a teatro__________
cambiare canale__________
fare una foto__________
girare un film__________
incidere un disco__________

ESERCIZI DI VOCABOLARIO

I. Completare usando le seguenti parole.

musica	canzone	attore	videoregistratore	telecomando
cinema	concerto	televisione	telegiornale	teleromanzo

1. Luciano Pavarotti terrà un ________ alla Scala di Milano il 22 aprile prossimo.
2. Ieri sera sono andato al ________. Ho visto un film molto interessante.
3. Chi è il tuo ___________ preferito?
4. Che cosa c'è alla ________ stasera?.
5. Questa mattima alla radio ho ascoltato una vecchia _________ dei Beatles che non sentivo da anni.
6. Ti piace la ________ leggera italiana.
7. Maria, dov'è il _________? Questo programma non mi piace e voglio cambiare canale.
8. Febbre d'amore è il mio _________ preferito.
9. La sera, prima di andare a dormire, guardo sempre il ________.
10. Ieri ho comprato un ________________. Ora posso registrare tutti i programmi televisivi che voglio.

II. Completare i seguenti dialoghi.

1. **Angela:** A che ora inizia lo _________?

   Pietro: Alle otto. Ma sbrighiamoci perché il ________ chiude alle otto meno un quarto e dobbiamo ancora ritirare i ________.

2. **Giovanni:** Ho letto ieri sul ________ che la ________ ha avuto un ________ enorme.

   Luigi: Sì, infatti ho sentito dire che per lo spettacolo di stasera i __________ sono tutti esauriti. Noi siamo stati veramente fortunati a trovare un ________.

3\. **Laura:** Ti è piaciuto il _________ di Pirandello?

Alberto: Ho potuto vedere soltanto il primo _________. Durante l'_________ mi sono sentito male e sono ritornato a casa.

Laura: Peccato... Gli _________ sono stati molto bravi.

III. Scrivere nel diagramma le 10 parole definite. Nella colonna in neretto si leggerà il nome e cognome di un'attrice italiana.

1. [_] _ _ _ _
2. _ [_] _ _ _ _ _ _
3. [_] _ _ _
4. _ [_] _ _ _ _ _
5. _ [_] _ _ _ _ _ _ _ _ _ _ _ _ _ _
6. _ [_] _ _ _ _
7. _ [_] _ _ _ _ _ _ _ _
8. _ [_] _ _ _ _ _ _
9. _ [_] _ _ _ _ _
10. _ [_] _ _ _ _ _ _ _ _

DEFINIZIONI: **1.** Parte di un atto teatrale - **2.** Composizione drammatica a lieto fine - **3.** Spettacolo cinematografico - **4.** Si abbassa dopo lo spettacolo - **5.** Spettacolo teatrale - **6.** In teatro è riservato al pubblico - **7.** Vi si vendono i biglietti - **8.** L'opposto di commedia - **9.** Il lavoro di Fellini - **10.** Spazio di tempo tra due atti.

SOLUZIONE: ____

PER LA CONVERSAZIONE

I. Creare una scenetta basata sulle seguenti situazioni.

1. Anna cerca di convincere Maria ad andare allo spettacolo di un complesso famoso.

Anna: ____

____

Maria: ____

____

2. Franco e Valeria parlano dei loro teleromanzi preferiti.

Franco: ______________________________

____

Valeria: ______________________________

____

3. Giulia spiega a Vincenzo la trama di un film che ha visto il giorno prima.

Giulia: ______________________________

____

Vincenzo: ______________________________

____

II. Rispondere alle seguenti domande.

1. Che tipo di musica Le piace? Perché?
2. Che tipo di film preferisce? Perché?
3. Quali sono i Suoi cantanti/attori preferiti?
4. Quali sono i Suoi cantanti/attori italiani preferiti?
5. Le piacciono i videorock? Perché?

MODI DI DIRE

Di carnevale ogni scherzo vale.

Tutto è bene quel che finisce bene.

Quando il gatto non c'è i topi ballano.

Quando si è in ballo bisogna ballare.

Ride bene chi ride l'ultimo.

RIDIAMO INSIEME

I signori Mantovani si preparano per andare all'opera.

"Caro," chiede lei "come devo vestirmi?"

"In fretta", risponde il marito con tono ironico.

Alla banca Unità 12

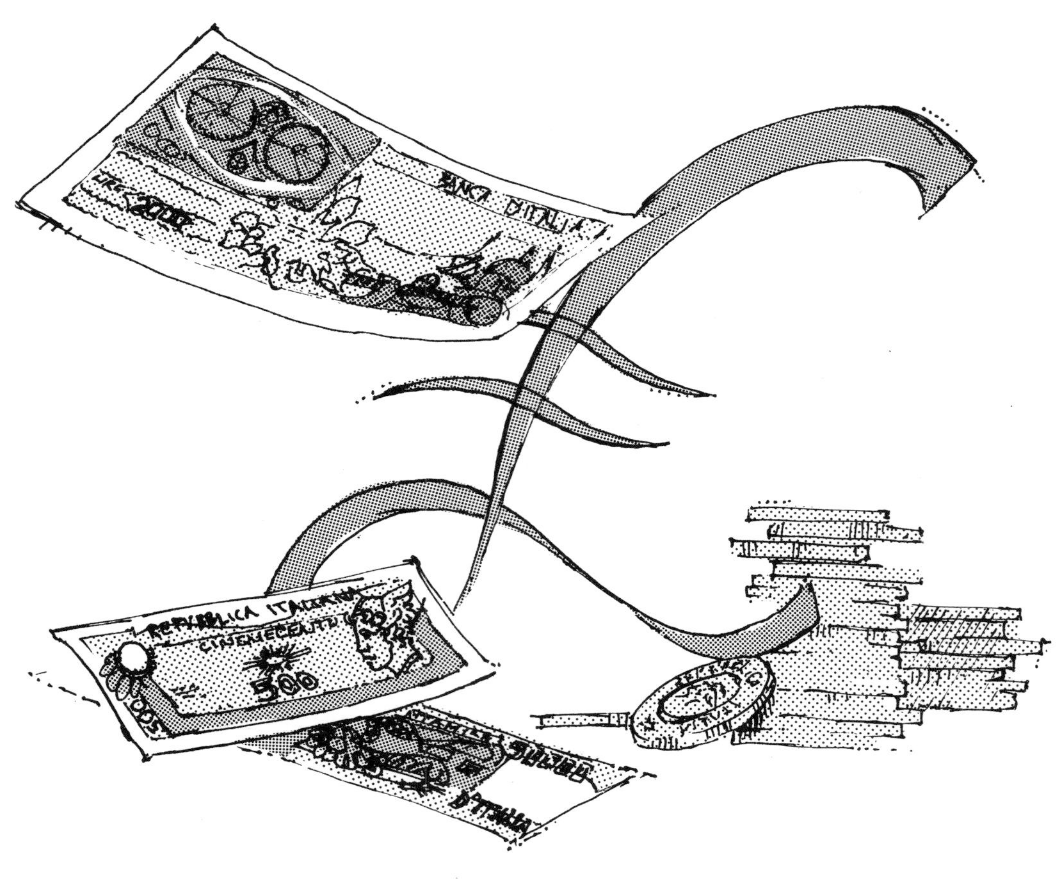

IMPIEGATO: Buon giorno!

SIGNOR SMITH: Buon giorno! Vorrei cambiare questi 300 dollari in lire. A quanto sta il dollaro canadese oggi?

IMPIEGATO: A 1.500 lire per i soldi in contanti e a 1.530 per i vaglia e i travellers' cheque.

SIGNOR SMITH: Va bene, li cambio.

IMPIEGATO: Sono in contanti?

SIGNOR SMITH: No, è un vaglia.

IMPIEGATO: Ha una carta di riconoscimento?

SIGNOR SMITH: Sì, ecco il passaporto.

IMPIEGATO: Ecco a Lei: 450.000 lire.

SIGNOR SMITH: Grazie e arrivederLa.

IMPIEGATO: ArrivederLa.

ESERCIZI SULLA LETTURA

I. Scegliere la risposta corretta.

1. Il signor Smith va...
   a) in banca
   b) al mercato
   c) al cinema
   d) dal dentista

2. Il signor Smith va in banca per...
   a) cambiare dei soldi
   b) fare un prelevamento
   c) pagare una cambiale
   d) fare un versamento

3. Il signor Smith vuole cambiare i dollari canadesi in...
   a) franchi
   b) lire
   c) marchi
   d) sterline

4. Come carta di riconoscimento il signor Smith presenta...
   a) la carta d'identità
   b) il passaporto
   c) la patente
   d) la tessera postale

5. L'impiegato dà al signor Smith...
   a) 790.000 lire
   b) 800.000 lire
   c) 159.000 lire
   d) 450.000 lire

II. Completare

IMPIEGATO: Buon giorno!

SIGNOR SMITH: Buon giorno! Vorrei ________ questi 300 dollari in lire. A quanto sta il ________ canadese oggi?

IMPIEGATO: A 1.500 lire per i ______ in contanti e a 1.530 per i

	________ e i travellers' cheque.
SIGNOR SMITH:	Va bene, li cambio.
IMPIEGATO:	Sono in ________?
SIGNOR SMITH:	No, è un ________.
IMPIEGATO:	Ha una ________ ________ ________?
SIGNOR SMITH:	Sì, ecco il ________.
IMPIEGATO:	Ecco a Lei: 450.000 ________.
SIGNOR SMITH:	Grazie e arrivederLa.
IMPIEGATO:	ArrivederLa.

III. Mettere in scena il dialogo precedente.

DA RICORDARE

l'assegno ____________________
l'assegno turistico __________
la banca ____________________
la banconota ________________
la cambiale _________________
la carta da credito __________
la cassa ____________________
la cassaforte _______________
la cassetta di sicurezza _____
il cassiere _________________
il conto corrente ___________
il credito __________________
il debito ___________________
il denaro/i soldi ___________
il direttore ________________
il deposito _________________
la firma ____________________
l'impiegato _________________
il listino dei cambi ________
la moneta ___________________
il pagamento ________________
il prestito _________________
la ricevuta _________________
gli spiccioli _______________
lo sportello del cambio _____
il tasso d'interesse ________
il vaglia ___________________
la valuta ___________________

il dollaro __________________
il fiorino __________________
il franco ___________________
la lira _____________________
il marco ____________________
la peseta ___________________
il peso _____________________
la sterlina _________________

cambiare ____________________
depositare __________________
prelevare ___________________
riscuotere __________________
ritirare ____________________
versare _____________________

aprire/chiudere un conto corrente ____________________
a quanto sta il dollaro/la lira...? __________________
biglietto di taglio grosso/piccolo ___________________
fare un prelevamento/versamento ______________________
il libretto degli assegni/di risparmi ________________
ottenere un prestito _________________________________
soldi in contanti ____________________________________

ESERCIZI DI VOCABOLARIO

I. Completare usando le seguenti parole.

denaro	dollaro	libretto	cambiare	taglio
conto	assegni	cassetta	spiccioli	cambio

1. Vorrei ________ cento dollari.
2. Quando viaggio compro sempre ________ turistici.
3. Vorrei aprire un ________ corrente.
4. Abbiamo messo i gioielli nella ________ di sicurezza.
5. È utile avere un ________ di assegni.
6. Mario porta sempre con sé del ________ liquido.
7. Vorrei due milioni in biglietti di grosso ________.
8. Dov'è lo sportello del ________?
9. A quanto sta il ________?
10. Hai ________? Mi servono per il parchimetro.

II. Completare i seguenti dialoghi.

1. **Cliente:** Vorrei cambiare questo ________!
   Impiegato: Ha una ________ di riconoscimento?
   Cliente: Sì, ecco la patente.
   Impiegato: Firmi questa ________ e la presenti alla ________. Lì le cambieranno l'assegno.

2. **Cliente:** Vorrei ________ nel mio conto corrente queste 500 000 lire.
   Impiegato: Mi dia il Suo numero di conto ________.
   Cliente: 52/227 intestato a Marco Spadolini.

3. **Cliente:** Vorrei pagare la bolletta del telefono.
   Impiegato: Vuole pagare in ________ o per ________ corrente.
   Cliente: In ________.
   Impiegato: Si accomodi alla ________.

III. **Cercare tutte le parole definite sotto. Le parole possono trovarsi in orizzontale e in verticale. Le lettere rimaste, lette di seguito, formeranno due proverbi.**

S	I	P	D	L	T	L	E	M	D
T	P	R	I	O	E	I	D	E	E
E	F	E	R	N	C	R	A	R	P
R	I	L	E	O	A	A	C	H	O
L	R	E	T	D	S	I	D	T	S
I	M	V	T	E	S	R	O	O	I
N	A	A	O	N	I	V	L	A	T
A	U	R	R	A	E	N	L	A	A
M	I	E	E	R	R	C	A	O	R
T	R	O	V	O	E	A	R	U	E
A	S	S	E	G	N	O	O	N	T
E	B	A	N	C	A	S	O	R	O

DEFINIZIONI: **1.** Sinonimo di versare - **2.** Moneta italiana - **3.** Può essere liquido o in contanti - **4.** Si mette sull'assegno - **5.** Istituto di credito - **6.** Moneta inglese - **7.** Contrario di versare - **8.** Cheque in italiano - **9.** Lavora alla cassa - **10.** Dirige una banca - **11.** Moneta canadese.

SOLUZIONE n. 1: ____________________

SOLUZIONE n. 2: ____________________

PER LA CONVERSAZIONE

I. **Creare una scenetta basata sulle seguenti situazioni.**

1. Un giovane va in banca perché ha bisogno di soldi per comprarsi una macchina sportiva.

   Cliente: ____________________

   ____

   Direttore: ____________________

   ____

   ____

2. Una signora entra in una banca per cambiare dei travellers' cheque.

Signora: ________________________________

____

Impiegato: ________________________________

____

3. Intervista per un posto in banca.

Direttore: Ha mai lavorato in banca? Che lavori ha svolto?

Candidato: ________________________________

____

II. Rispondere alle seguenti domande.

1. Il denaro compra la felicità?
2. Nella vita ha più valore la ricchezza o la cultura?
3. Con i soldi si compra l'amicizia?
4. Ha mai lavorato in banca?
5. Preferisce portare denaro liquido o carte di credito? Perché?

MODI DI DIRE

Ogni promessa è debito.
Il tempo è denaro.
Ognuno tira l'acqua al suo mulino.
Chi trova un amico trova un tesoro.
Il silenzio è d'oro e la parola d'argento.

RIDIAMO INSIEME

Un ricchissimo banchiere vede il figlio che si accende una sigaretta con un biglietto da 100 mila lire e lo rimprovera: "Quante volte ti ho detto che sei ancora troppo giovane per fumare?"

Dal meccanico Unità 13

MECCANICO:	Buon giorno, signor Bagni. Ancora problemi con la macchina?!
SIGNOR BAGNI:	Eh, sì... ma questa volta non sono né i freni né il motore e nemmeno la frizione. La nuova tecnologia porta sì più comfort e più eleganza... ma porta anche più grattacapi.
MECCANICO:	Cosa c'è che non va?
SIGNOR BAGNI:	I tergicristalli non funzionano molto bene e l'orologio digitale non cammina più.
MECCANICO:	Non si preoccupi... ci penseremo noi. Altro?
SIGNOR BAGNI:	Sì... cambi anche il filtro e l'olio, per favore?
MECCANICO:	Bene, sarà pronta domani pomeriggio.
SIGNOR BAGNI:	Grazie e a domani.

ESERCIZI SULLA LETTURA

I. Scegliere la risposta corretta.

1. Il signor Bagni ha problemi con...
   - a) il camion
   - b) la macchina
   - c) la motocicletta
   - d) la bicicletta

2. Il signor Bagni non ha problemi con...
   - a) il filtro
   - b) la frizione
   - c) lo sterzo
   - d) i fari

3. Il signor Bagni ha problemi con...
   - a) i freni
   - b) il motore
   - c) l'acceleratore
   - d) i tergicristalli

4. Il signor Bagni chiede al meccanico di cambiare...
   - a) l'olio
   - b) la marmitta
   - c) il carburatore
   - d) la batteria

5. La macchina sarà pronta...
   - a) oggi
   - b) domani
   - c) dopodomani
   - d) la settimana prossima

II. Completare

MECCANICO: Buon giorno, signor bagni. Ancora difficoltà con la ________?!

SIGNOR BAGNI: Eh, sì... ma questa volta non sono né i ________ né il ________ e nemmeno la ________. La nuova tecnologia porta sì più ________ e più eleganza... ma porta anche più problemi.

MECCANICO: Cosa c'è che non va?

SIGNOR BAGNI: I ________ non funzionano molto bene e l'__________ ________ non cammina più.

MECCANICO: Non si preoccupi... ci penseremo noi. Altro?

SIGNOR BAGNI: Sì... cambi anche il ________ e l'________, per favore?

MECCANICO: Bene, sarà pronta domani pomeriggio.

SIGNOR BAGNI: Grazie e a domani.

III. Mettere in scena il dialogo precedente.

DA RICORDARE

la benzina ______	il motore ______
il clacson ______	il parabrezza ______
il cofano ______	il paraurti ______
il contachilometri ______	il portabagagli ______
i fanali ______	la ruota ______
i fari ______	il sedile ______
il filtro ______	lo sportello ______
il finestrino ______	lo sterzo/il volante ______
la frizione ______	la targa ______
la marmitta ______	i tergicristalli ______

l'autostrada ______	il parcheggio/posteggio ______
il camion ______	il passaggio pedonale ______
la contravvenzione ______	la patente ______
la corsia ______	il pedone ______
la curva ______	il semaforo ______
il foglio rosa ______	la stazione di servizio ______
il libretto di circolazione ______	il traffico ______
il meccanico ______	l'utilitaria ______

accelerare ______	parcheggiare/posteggiare ______
frenare ______	rallentare ______
guidare ______	sorpassare ______

cambiare/ingranare/innestare la marcia ______

controllare l'acqua/il cambio/i freni/l'olio ______

fare marcia avanti/indietro ______

fare il pieno ______

mettere in moto ______

prendere a noleggio ______

svoltare a destra/sinistra ______

ESERCIZI DI VOCABOLARIO

I. Completare usando le seguenti parole.

prendere a noleggio	contravvenzione	finestrino
passaggio pedonale	tergicristalli	parcheggio
mettere in moto	fari	gomma	traffico	benzina

1. Mario ha preso una _________ perché è passato col rosso.
2. Nelle città la congestione del _________ è un problema serio.
3. Una macchina grande consuma molta _________.
4. Quando vado in centro sono sempre costretto a parcheggiare la macchina in un _________ pubblico.
5. "Signore, vorrei _________ _________ _________ un'utilitaria. Quanto costa al giorno?"
6. Non riesco a _________ _________ _________ la macchina perché fa troppo freddo.
7. "Fa freddo: puoi chiudere il _________?"
8. Quando piove uso i _________ e accendo i _________.
9. "Ho bucato. Può ripararmi la _________?"
10. I pedoni attraversano la strada al _________ _________.

II. Completare i seguenti dialoghi.

1. **Poliziotto:** Prego, favorisca la _________ e il _________ di _________.

   Autista: Ecco...

   Poliziotto: Tutto a posto... Per favore, scenda e apra il _________... Va bene, può andare.

2. **Commesso:** Questa _________ non costa molto, è molto comoda e consuma poca _________.

   Cliente: I _________ sono comodi ed eleganti... il portabagagli è molto grande. La comprerei volentieri, ma so _______ solo le macchine con il _________ automatico!

3. **Moglie:** Caro, ma hai sbagliato strada!
Marito: No, prima di iniziare il viaggio vorrei passare dalla ________ ________ ________ per fare il ________, controllare l'______ e l'______ e pulire il ________.

III. Le lettere aggiunte per completare le parole sotto definite formeranno un proverbio.

1. M A ___ C ___ ___ N A
2. ___ O L ___ N T E
3. ___ ___ E N O
4. C O F ___ ___ ___
5. C U R ___ ___
6. C O R ___ I ___
7. C O ___ T A C H I L ___ M ___ T R I
8. C A ___ ___ ___ L O
9. F R I Z I ___ ___ E
10. ___ ___ R G H E
11. F R E ___ ___

DEFINIZIONI: **1.** Mezzo di trasporto - **2.** Controlla la direzione di un veicolo. - **3.** Si fa alla stazione di servizio - **4.** Protegge il motore - **5.** Non è un... rettilineo - **6.** Parte di una carreggiata stradale - **7.** Indica la distanza percorsa - **8.** Misura la potenza del motore - **9.** Si innesta - **10.** Lo sono NA, TO, MI - **11.** Può essere a mano.

SOLUZIONE: ____

PER LA CONVERSAZIONE

I. Creare una scenetta basata sulle seguenti situazioni.

1. Incidente stradale. Chi ha torto?

Autista n. 1: ____

____

Autista n. 2: ____

____

2. Un automobilista viene fermato dalla polizia stradale.

Poliziotto: ____

____

Automobilista: ____

____

3. Luigi ed Antonio ammirano una lussuosissima Maserati.

Luigi: ____

____

Antonio: ____

____

III. Rispondere alle seguenti domande.

1. La macchina è un lusso o una necessità?
2. Quando Lei guida il Suo comportamento cambia?
3. Quale macchina Le piacerebbe avere? Perché?
4. Quali sono le cause più frequenti degli incidenti stradali?
5. Pensa che l'automobilismo sia uno sport pericoloso? Perché?

MODI DI DIRE

Chi lascia la via vecchia per la nuova sa quel che lascia ma non sa quel che trova.
Chi va piano va sano e va lontano.
Chi tardi arriva male alloggia.
Le vie della provvidenza sono infinite.
La superbia va a cavallo e torna a piedi.

RIDIAMO INSIEME

"Vieni, Pierino, ti devo lavare".
"Mamma, perché non mi dai la cera come fa papà con la macchina, così mi devi lavare una volta ogni due mesi?"

Buonasera. Qui Giorgio Palloni con le notizie sportive delle ore diciotto.

Calcio: Si è concluso oggi il campionato di Serie A. In vetta alla classifica troviamo la Juventus che ha vinto meritatamente lo scudetto con una squadra che si è dimostrata tecnicamente superiore alle altre.

Ciclismo: Gigi Lento si è aggiudicato la quinta tappa del Giro d'Italia battendo in volata il francese Claude Vite. L'italiano Velocetti ha conservato la maglia rosa.

Nuoto: Ermanno Bevilacqua ha stabilito il nuovo record mondiale dei 400 metri stile libero.

Pugilato: Il pugile italo-americano Joe Occhipinti ha battuto in quattro riprese il cileno Juan Toni. L'incontro era valido per il titolo mondiale dei pesi massimi.

Queste sono le notizie sportive. Il bollettino metereologico fra sessanta secondi.

ESERCIZI SULLA LETTURA

I. Scegliere la risposta corretta.

1. Giorgio Palloni presenta...
   - a) il telegiornale
   - b) un dibattito politico
   - c) le notizie sportive
   - d) un servizio di attualità
2. La Juventus ha vinto...
   - a) il campionato di calcio
   - b) i mondiali di calcio
   - c) il Giro d'Italia
   - d) una partita di pallone
3. Gigi Lento è...
   - a) un pugile
   - b) un ciclista
   - c) un tennista
   - d) un calciatore
4. Lo sport di Ermanno Bevilacqua è...
   - a) il nuoto
   - b) l'atletica leggera
   - c) la pallacanestro
   - d) il ciclismo
5. Dopo le notizie sportive seguirà...
   - a) della pubblicità
   - b) un programma di musica leggera
   - c) il bollettino metereologico
   - d) un'intervista ad un atleta

II. Completare.

Buonasera. Qui Giorgio Palloni con le ________ ________ delle ore diciotto.

Calcio: Si è concluso oggi il ________ di Serie A. In vetta alla ________ troviamo la Juventus che ha vinto meritatamente lo

________ con una ________ che si è dimostrata tecnicamente superiore alle altre.

Ciclismo: Gigi Lento si è aggiudicato la quinta ________ del Giro d'Italia battendo in ________ il francese Claude Vite. L'italiano Velocetti ha conservato la ________ ________.

Nuoto: Ermanno Bevilacqua ha stabilito il nuovo ________ ________ dei 400 metri ________ ________.

Pugilato: Il ________ italo-americano Joe Occhipinti ha battuto in quattro ________ il cileno Juan Toni. L'________ era valido per il ________ mondiale dei ________ ________.

Queste sono le notizie sportive. Il ____________ ____________ fra sessanta secondi.

III. Ripetere liberamente le notizie sportive lette da Giorgio Palloni.

DA RICORDARE

l'atletica leggera/pesante___
l'automobilismo______________
il calcio____________________
il ciclismo__________________
il football americano________
l'hockey su ghiaccio_________
l'ippica_____________________

il nuoto_____________________
la pallacanestro_____________
la pallavolo_________________
il pattinaggio_______________
il pugilato__________________
il tennis____________________
lo sci_______________________

l'allenatore_________________
l'arbitro____________________
l'atleta_____________________
il dilettante________________

il giocatore_________________
il professionista____________
la squadra___________________
il tifoso____________________

l'allenamento________________
il campionato________________
il campo_____________________
la corsa_____________________
il cronometro________________
la gara/partita______________

la palestra__________________
il pallone___________________
il rigore____________________
lo stadio____________________
la tappa_____________________
il torneo____________________

allenarsi____________________
battere______________________
correre______________________
giocare______________________
nuotare______________________

pareggiare___________________
pattinare____________________
perdere______________________
sciare_______________________
vincere______________________

andare a caccia/pesca________________________________
fare ginnastica______________________________________
fare il footing/jogging______________________________
fare dello sport_____________________________________
praticare uno sport__________________________________

ESERCIZI DI VOCABOLARIO

I. Completare usando le seguenti parole.

praticare sci	partita	ginnastica	pesca
fare il footing	squadra	allenatore	campo
pallacanestro	palestra	giocatore	sport

1. L'arbitro che ha diretto la _________ è stato molto bravo.
2. Se una _________ gioca male, il primo ad essere licenziato è spesso l'_________.
3. Paolo Rossi è il _________ italiano più famoso.
4. Le due formazioni sono scese in _________ mezz'ora prima della partita per allenarsi.
5. Domenica sera i Globetrotters hanno vinto la gara di _________ per 109-75.
6. Per mantenermi in forma _________ _________ _________ tutti i giorni.
7. Sono andato a _________ ed ho preso una trota di due chili.
8. Siamo andati in _________ a fare mezz'ora di _________.
9. Il mio _________ preferito è il tennis: lo _________ tutti i giorni.
10. Moreno preferisce lo _________ di fondo a quello nordico.

II. Completare i seguenti dialoghi.

1. **Lucio:** Quali _________ dei giochi invernali fanno vedere questa sera alla televisione?

   Marco: Nello _________, lo slalom gigante femminile; nell'hockey su _________, la finale tra Canada e Russia; nel _________ la semifinale dei quattrocento metri.

2. **Elio:** Quali medaglie saranno assegnate oggi alle olimpiadi?

   Dario: Nel _________ quella dei 100 metri stile libero; nel _________ quella del cronometro individuale; nella _________ _________ quella del salto in alto e del salto con l'asta.

3. **Antonello:** Ieri abbiamo giocato molto bene, purtroppo abbiamo __________.

Gianfranco: Dovevamo almeno __________, ma il __________ non voleva entrare nella rete.

Allenatore: Perciò oggi ci __________ un'ora in più. Dobbiamo __________ la prossima partita a tutti i costi.

III. Trovare le 12 parole definite e trascrivere nel diagramma le lettere corrispondenti a ogni numero. Si otterranno i nomi e i cognomi di 9 atleti italiani. Sapete dire quale era oppure è il loro sport?

1. (31) (2) N (21) B (7) N (1) E (51) (52) (9) (13)

2. (25) (6) (8) N (4) E (16) (14) O M (30) (27) (26) (23)

3. (22) I (43) (12) R (37) M E (3) N (5) (15)

4. (68) A (41) (10) (55) (38) O (28) (33) (29)

5. M (32) (56) H (11) (59) E (35) L B (53) (42) E (17) (64)

6. A (71) (49) (39) A N (63) P (44) N (70) (34) (48) A

7. (36) (65) A U (61) (19) (69) (46) (60) A S (72)

8. S (18) (45) A S (66) (62) E (24) N I

9. G (47) A (58) O (67) (50) A (40) O S (54) (57) N (20)

DEFINIZIONI: **1.** Contrario di perdere **(1-7)** - **2.** Può essere leggera o pesante **(8-15)** - **3.** Ci vanno i tifosi **(16-21)** - **4.** Non è più un... dilettante **(22-35)** - **5.** Knock out **(36-37)** - **6.** Massima punizione **(38-43)** - **7.** Dirige un incontro **(44-50)** - **8.** Si fa in piscina **(51-55)** - **9.** Lo sport con la bicicletta **(56-63)** - **10.** Si fanno ogni quattro anni **(64-72)**.

PER LA CONVERSAZIONE

I. Creare una scenetta basata sulle seguenti situazioni.

1. Lucio cerca di convincere Anna ad andare ad un incontro di tennis tra Adriano Panatta e John McEnroe.

   Lucio: ____

   ____

   Anna: ____

   ____

   Lucio: ____

   ____

2. Marco e Paolo parlano dell'incontro di hockey che la sera prima hanno visto in televisione.

   Marco: ____

   ____

   Paolo: ____

   ____

   Marco: ____

   ____

3. Tommaso non ha potuto assistere alla finalissima della Coppa del Mondo di calcio.

   Tommaso: È stata una partita interessante?

   Aldo: ____

   ____

   Tommaso: ____

   ____

II. Rispondere alle seguenti domande.

1. Qual è il Suo sport preferito?
2. Quali sport pratica?
3. Lei ascolta spesso le notizie sportive?
4. Secondo Lei, il pugilato è uno sport pericoloso?
5. Qual è il Suo atleta preferito? Perché?

MODI DI DIRE

Ogni bel gioco dura poco.

Fortunato al gioco, sfortunato in amore.

Bisogna far buon viso a cattivo gioco.

Il gioco non vale la candela.

La miglior difesa è l'attacco.

RIDIAMO INSIEME

L'allenatore dà gli ultimi consigli al campione:

"In questa corsa devi arrivare primo o terzo, perché il giudice ha un cronometro che spacca il secondo".

Toronto, 2 giugno 1986

Cara Simona,

sono lieta di poterti finalmente scrivere. Spero che la presente ti trovi in ottima salute. Mi devi scusare se non ti ho scritto prima. Purtroppo gli studi mi tengono molto occupata. Tu, invece, cosa fai di bello? Sono venuta a sapere che hai vinto una borsa di studio. Complimenti! Tu, a scuola, sei stata sempre brava. Questo è tutto per ora. Spero di ricevere tue notizie al più presto. Tanti cari saluti,

Gianna

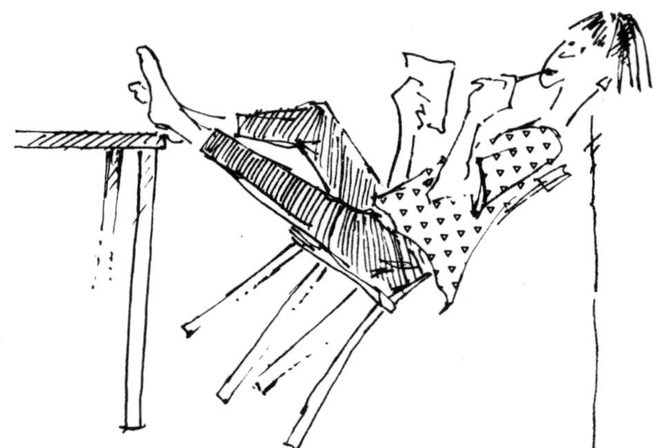

Roma, 25 giugno 1986

Gianna carissima,

ho ricevuto con molto ritardo la tua lettera e mi affretto a risponderti per darti mie notizie. Fino ad oggi sono stata molto occupata. Proprio ieri ho sostenuto gli ultimi esami e tutto è andato bene. Adesso sembra che si possa respirare. Fammi sapere se questa estate hai in programma un viaggio in Italia. In attesa di rivederti al più presto, ti abbraccio affettuosamente,

tua Simona

ESERCIZI SULLA LETTURA

I. Scegliere la risposta corretta.

1. Gianna è lieta di...
   - a) fare una telefonata a Simona
   - b) scrivere una lettera a Simona
   - c) mandare un telegramma a Simona
   - d) mandare una cartolina a Simona
2. Gianna si scusa con Simona per...
   - a) non averle scritto prima
   - b) non essere andata in Italia
   - c) non averle spedito le fotografie
   - d) non averle telefonato
3. Gianna non ha scritto prima perché...
   - a) è stata malata
   - b) gli studi l'hanno tenuta occupata
   - c) non aveva l'indirizzo di Simona
   - d) non le piace scrivere
4. Simona fa sapere a Gianna che...
   - a) va a Parigi per le vacanze
   - b) ha scritto gli ultimi esami
   - c) le spedirà un pacco
   - d) ha cambiato indirizzo
5. Simona chiude la lettera mandando a Gianna...
   - a) ossequi
   - b) un abbraccio
   - c) distinti saluti
   - d) tanti baci

II. Completare

Toronto, 2 giugno 1986

_________ Simona,

sono lieta di poterti finalmente ________. Spero che la _________ ti trovi in ottima ________. Mi devi ________ se non ti ho scritto prima. Purtroppo gli studi mi tengono molto occupata. Tu, invece, cosa fai ________ ________? Sono ________ a ________ che hai vinto una borsa di studio. Complimenti! Tu, a scuola, sei stata sempre ______! Questo è tutto per ora. Spero di ________ tue ________al più presto. Tanti cari ________,

Gianna

Roma, 25 giugno 1986

Gianna carissima,

ho ________ con molto ritardo la tua ________ e mi affretto a __________ per darti mie ________. Fino ad oggi sono stata molto ________. Proprio ieri ho sostenuto gli ultimi _________ e tutto è andato bene. Adesso sembra che si possa ________. Fammi ________ se questa ________ hai in ________ un viaggio in Italia. In ________ di rivederti al più presto, ti ________ affettuosamente,

tua Simona

III. Scrivere una lettera ad un compagno di classe ed attendere la risposta.

DA RICORDARE

l'affrancatura ________	l'indirizzo ________
la buca delle lettere ________	la lettera ________
la busta ________	il mittente ________
la cartolina ________	il pacco ________
la casella postale ________	la posta ________
il codice postale ________	il postino ________
il corriere ________	la raccomandata ________
il destinatario ________	il telegramma ________
l'espresso ________	il timbro ________
il francobollo ________	l'ufficio postale ________

la cabina telefonica ________	le pagine gialle ________
il centralinista ________	il prefisso ________
il centralino ________	il ricevitore ________
l'elenco telefonico ________	la segreteria telefonica ________
il gettone ________	il telefono ________
l'interurbana ________	la teleselezione ________

firmare/imbucare/ricevere/scrivere/spedire una lettera ________

____

per via aerea ________

per via mare ________

dare/fare un colpo di telefono ________

fare/ricevere una telefonata ________

fare una telefonata "erre" ________

il telefono squilla/suona ________

linea libera/occupata ________

pronto? ________

rispondere al telefono ________

telefonare ________

ESERCIZI DI VOCABOLARIO

I. Completare usando le seguenti parole.

imbucare	postino	destinatario	prefisso	mittente	timbro
colpo di telefono		ufficio postale	cabina telefonica		pronto

1. Pietro è andato all'__________ __________ per ritirare un pacco.
2. "C'è una __________ __________ qui vicino?".
   "Sì, all'incrocio di via Roma e via Verdi".
3. Questa lettera è arrivata subito. Ha il __________ di ieri!
4. "Angela, quando esci, mi puoi __________ questa cartolina?"
5. "C'è posta?"
   "No, il __________ non è ancora passato".
6. Che sbadato! Ho spedito la lettera senza l'indirizzo del ________.
7. "__________! Chi parla?"
8. In caso di mancato recapito, rispedire al __________.
9. Se esci questo week-end, fammi un __________ __________ __________.
10. "Qual è il __________ di Roma?"

II. Completare i seguenti dialoghi.

1. **Cliente:** Vorrei _________ questo __________ in Brasile.
   Impiegato: Per via _________ o per via __________?
   Cliente: Per via _________, grazie.

2. **Cliente:** Per favore, un modulo per _________.
   Impiegato: Eccolo! Scriva l'__________ del mittente, quello del __________ e il testo del telegramma. Mi raccomando, non dimentichi di scrivere anche il _________ postale.

3. **Turista:** Devo fare una telefonata _________ a Milano. Come si fa?
   Signore: Faccia prima il __________, poi il numero __________. Mi raccomando, metta abbastanza _________ altrimenti perde subito la linea.

III. A partire dalla prima lettera in alto a sinistra, toccare tutte le lettere in modo da formare le 10 parole sotto definite. Le lettere rimaste, lette nell'ordine, formeranno un proverbio.

F	R	A	E	T	A	R	E	T	T	E	L
O	C	N	L	E	F	O	N	O	R	I	E
B	O	L	T	T	I	M	A	C	I	C	R
P	O	L	E	N	T	E	L	O	N	E	E
R	T	O	N	T	A	N	O	D	O	V	I
O	N	C	A	G	L	I	O	C	F	I	R
C	A	A	C	H	I	L	O	N	E	T	R
E	N	R	T	A	N	O	D	A	L	O	O
N	I	T	L	C	U	O	R	E	E	R	C
T	L	O	A	P	E	R	I	A	T	E	E
R	I	N	T	A	T	E	R	G	E	S	L
A	L	I	S	G	I	N	E	G	I	A	L

DEFINIZIONI: 1. Si mette sulla busta - **2.** Si dice quando si risponde al telefono - **3.** Può essere illustrata - **4.** Addetto al centralino - **5.** Elenco telefonico commerciale - **6.** Servizio postale molto veloce - **7.** Può essere raccomandata - **8.** Mezzo di comunicazione - **9.** Parte del telefono - **10.** Apparecchio che risponde automaticamente al telefono - **11.** Spedisce la lettera.

SOLUZIONE: ______________________________

PER LA CONVERSAZIONE

I. Creare una scenetta o continuare le lettere secondo la situazione.

1. Un signore deve fare una telefonata all'estero e telefona al centralino.

Signore: ______________________________

____

Centralinista: ______________________________

____

2. Alla fine dell'anno scolastico uno studente esprime un giudizio sul corso d'italiano.

   Egregio professore,

   ____

   ____

   ____

   ____

   ____

3. Uno studente fa una domanda di lavoro.

   Spettabile ditta,

   ____

   ____

   ____

   ____

   ____

MODI DI DIRE

Lontano dagli occhi lontano dal cuore.

Occhio non vede cuore non duole.

Nessuna nuova buona nuova.

Gli scritti restano, le parole volano.

RIDIAMO INSIEME

Una signora riceve una lettera. Nella busta riceve un foglio bianco. "Deve essere di mia sorella", pensa. "È da un anno che non ci parliamo più".